황인자의
선물 포장131

Season · Bakery · Event wrapping

Gift Wrapping

BnCworld

10년을 함께한 베이커리 선물 포장

일본과 한국을 오가며 베이커리 포장에 관심을 가진 지 10년이 넘어서야 책이 나오게 됐습니다. 지난 10년간 저는 '베이커리 전문 포장 컨설턴트'로 불리며 윈도우 베이커리와 제과 회사 등에서 자문으로 일해 왔습니다. 그동안 항상 베이커리 포장을 위해 무언가를 해야겠다는 생각에 사로잡혀 있었고 이와 관련한 소재, 포장지, 박스, 리본, 관련 서적 등을 사 모으기 시작해 이제는 제 연구소에 쌓을 곳이 없을 정도가 되었습니다.

저는 포장 교육을 할 때 기술보다는 마인드가 더 중요하다는 점을 항상 강조합니다. 아무리 경험이 많고 기술이 우수하다고 해도 포장 자체의 중요성을 모른다면 의미 없는 손재주에 불과하다고 생각하기 때문입니다. 포장은 주는 이와 받는 이를 즐겁게 해줄 뿐 아니라 베이커리를 운영하는 입장에서는 10배, 20배, 100배, 무한대로 매출을 일으켜 주지요. 그런 의미에서 개별 세품 포장은 물론 선물 세트 포장이 얼마나 중요한지는 아무리 강조해도 지나치지 않은 것 같습니다.

일본에서 프랑스 디저트를 배울 때 수업이 끝나면 그날 만든 디저트를 조각 케이크 박스에 넣어 가까운 분들께 선물로 드리곤 했습니다. 그 때 선생님이 준비해 주신 리본 하나, 스티커 하나에 저는 어깨가 으쓱해지고 발걸음에 자신감이 넘치던 기억이 납니다. 제 선물을 받으시는 분들이 예쁘다고 칭찬해 주실 것이 먼저 느껴졌기 때문입니다. 이런 기쁨이 저를 이 분야로 이끈 원동력이었다는 생각이 듭니다.

베이커리 포장은 특수 포장에 속합니다. 잘못 보관하면 부스러지거나 상하기 쉬운, 살아 있는 제품을 다루기 때문입니다. 게다가 매장에서 서비스로 하는 포장은 무료이기 때문에 간단해야 하고 질 좋고 저렴한 재료를 이용해야 하며, 무엇보다도 제품의 특색을 살려주어야 합니다. 비싼 재료에 의존하기 보다는 주변에서 흔히 볼 수 있는 여러 가지 소재를 활용하면 매장에 맞는 독특한 이미지를 만들 수 있을 것입니다. 포장 자체가 매장의 인테리어 효과가 되어 이미지를 절찡하게끄 합니다

기본 포장법을 소개한 "기본좋은 선물포장" 책에 이어 베이커리 전문 포장 책인 이 책이 나오세 되이 도움 주신 모든 분들께 감사드립니다. 이 책이 나오게 노와주신 (주)B&CWorld 장상원 사장님과 출판기획실 이명원 실장님 그리고 이민영 기자님, 여름 방학인데도 아이들과 같이 지내지 못하고 나와서 애써 주신 우리 연구소 식구들 다시 한번 감사드립니다.

엄마, 아내가 열심히 일하는 깃을 항상 자랑스럽게 여기며 격려해 주는 우리 가족들, 지칠 때 항상 힘을 주시는 하나님께 이 책을 드립니다.

저자 황인자

받는 이를 생각하는 마음의 표현

출판을 축하드립니다.
한국에서의 활약상을 들을 때마다 무척 기쁘게 생각하고 있습니다.

포장의 세계는 어머니의 애정을 떠올리게 하는 따뜻함이 있습니다.

물건을 싸고 생각을 담는 포장. 포장이란 받는 사람을 생각하는 '마음'의 표현입니다. 나라가 다르고 모양이 변한다 해도 포장에 담겨 있는 중요한 의미는 변하지 않습니다.

얼마 전부터 환경보호의 일환으로 과도한 포장을 줄여나가자는 목소리가 높아지고 있습니다. 그러나 물건을 '싼다'라는 작업은 아주 먼 옛날부터 전해온 마음의 표현 방법으로 많은 사람들에게 활용되어 왔습니다.

우리는 주위에서 몇 번씩 사용가능한 재료를 이용한 포장을 자주 접합니다. 일본에서는 재활용의 일환으로 보자기나 손수건, 천 등을 이용한 포장이 많은 사랑을 받고 있습니다. 그러나 음식, 제과에 사용되는 포장은 반복해 다시 사용하는 것이 불가능합니다. 음식 포장이라는 것은 포장 중에서도 가장 창의성이 필요한 작업입니다. 따라서 이번 책은 이러한 창의적인 노력의 결과물이라고 생각합니다.

음식이라는 것은 '맛'이 가장 중요하지만 '보여 지는 것' 또한 중요한 요소 중 하나입니다. 아무리 맛있는 음식이라도 사람들에게 '먹고 싶다'는 마음을 불러 일으키지 않는다면 음식으로서의 의미를 잃게 됩니다.

이런 점에서 포장은 단순히 외관을 아름답게 하는 것 이외에 사람들의 흥미를 자극하고 그것을 원하게 만드는 중요한 매개체가 되리라 생각합니다. 부디 많은 사람들이 이 책을 참고하여 상품 가치를 높이고 식욕을 촉진시키는 다양한 포장을 배우고 활용해 나가길 기원합니다.

일본에서 배운 문화뿐만 아니라 한국의 독자적인 세계관이 담겨있는 황인자씨의 포장을 보면서 저도 감격했습니다. 부디 그 열정을 잃지 말고 자신만의 독자적인 세계를 만들어 나가길 기원합니다. 훌륭한 책의 출판과 함께 무한한 발전이 있기를 바랍니다.

진심으로 축하드립니다.

란타나카마라 아트아카데미 대표

시노 아쯔코

즐겁고 행복한 포장의 세계

황인자씨의 새로운 책 출간을 축하드립니다.

황인자씨를 처음 만난 것은 4년 전 오사카였습니다. 그녀는 언제나 새로운 것에 흥미를 가지고 연구하는 학생이 였습니다. 한국에 돌아가서도 정기적으로 제자들과 일본을 방문해 여러 곳을 다니며 견문을 넓히는 한결같은 모습이 무척 인상 깊었습니다.

황인지씨의 한국 연구실을 방문했을 때, 지금은 일본에서도 찾아볼 수 없는 나앙한 리본들이 진열되어 있는 모습에 저는 정겨움과 기쁨을 느꼈습니다.

그녀가 만든 포장을 보면, 포장되는 물건과 마음으로 대화해가며 부드럽게, 아름답게, 그리고 즐겁게 만들어가는 모습이 떠오릅니다.

그 작품들은 기술적으로도 뛰어나지만 포장하는 소재에서 작은 장식물 하나하나까지 센스가 빛나고 있었습니다.

이렇게 멋지게 포장된 선물을 받는다면 감동은 물론 기쁨도 2배, 3배로 늘어나리라 생각합니다.

황인자씨의 책 출간을 먼 일본에서 마음으로부터 축하드립니다.

유갤러리 대표
오구라 유키코

Contents

응용 포장 기법
Wrapping for Event

포장이론

1. 포장의 의미

포장의 정의

물품의 수송, 보관, 취급, 사용 등에서 그 가치 및 상태를 보호하기 위해 적합한 재료와 용기 등을 사용하는 기술 및 상태를 말한다. 한국 공업 규격에 따르면 포장은 단위포장, 내부포장, 외부포장 3종류로 나눌 수 있다.

포장의 기능

1) 내용물의 보호 – 내용물이 상하거나 파손되지 않게 보호하는 기능을 한다.
2) 취급상의 편리 – 운반을 쉽고 간편하게 하여 원활한 유통에 도움을 준다.
3) 판매의 촉진 – 상품을 아름답게 꾸미며 소비자의 구매 의욕을 부추긴다.

한자로 풀어본 포장의 의미

1) 包(쌀 포) – 사람이 임신을 하여 태내에 태아가 자리잡고 있는 형상으로, 모든 것을 싼다는 의미이다.
2) 裝(꾸밀 장) – 옷을 입고 몸차림을 하거나 꾸민다는 뜻. 즉 귀한 것을 보호하고 장식한다는 뜻이다.

영어로 풀어본 포장의 의미

1) wrapping 포장지나 리본 등 포장 재료를 이용하여 물건의 겉면을 감싸는 것.
2) packing 여러 개의 물건들을 용기에 담아 한 꾸러미로 만드는 것.
3) package 여러 개의 물건들이 용기에 담겨 한 꾸러미가 된 상태.

2. 선물 포장

의미와 목적

선물은 감사나 축하의 뜻을 전하고 사랑하는 마음을 표현하는 수단이다. 공들여 고른 선물을 정성과 예의를 갖추어 깨끗하고 예쁘게 포장하면 선물의 가치는 더욱 돋보인다. 선물 포장은 자신의 마음을 담은 선물에 눈을 즐겁게 해주는 포장까지 더해 두 가지 기쁨을 선사하는 데 그 의미가 있다. 선물 포장의 의미를 일반적으로 포장지로 싸고 리본으로 묶는 장식적인 면에서만 생각하기 쉽지만, 선물 포장이란 다양한 포장 방법과 리본 매기, 다양한 부가 장식품을 사용하여 상품의 가치와 정성을 극대화하고 선물을 보다 품위 있게 만드는 것을 말한다. 이렇게 상품의 가치를 극대화하여 받는 이로 하여금 최고의 만족을 느끼도록 하는 것이 선물 포장의 목적이다.

선물 포장의 기능

1) 상품의 보호와 운반의 편리성 – 내용물을 보호하고 유통 과정에서 운반 및 보관을 원활하게 한다.

2) 부가가치 창출 - 상대방의 성별, 나이, 취향 및 선물하는 시점의 계절, 이벤트 등 목적에 맞게 포장을 달리 하여 부가가치를 높인다.

3) 마케팅의 수단 - 계절과 이벤트에 맞는 아이디어로 포장을 해 상품을 진열하면 인테리어 효과는 물론 상품의 가치도 높일 수 있다.

선물 포장의 단계

선물 포장은 상품을 구입할 때부터 마지막 건네는 순간까지의 모든 과정이 중요하며 처음부터 끝까지 상대방에 대한 배려를 잊지 않아야 한다.

1) 물건 구입
상대방을 배려하는 마음으로 상대방이 가장 원하는 것이 무엇인가를 파악한 후 최고로 만족할 수 있는 선물을 선택한다.

2) 상자 구입
상자는 선물의 크기와 형태에 맞추어 선택해야 한다. 내용물의 보호를 위해 선물의 무게를 고려한 견고한 상자를 선택한다.

3) 포장지 구입
선물의 색상과 상자의 크기, 상대의 취향을 고려하여 포장지의 재질 및 색, 무늬를 결정한다. 선물이 종류에 따라 보자기, 부직포 등 어울리는 포장지를 선택한다.

4) 리본 구입
포장지의 색상과 재질에 따라 리본의 색과 재질이 결정된다. 상자의 크기에 따라 리본의 쪽노 널라진다. 포장지가 자연 친화적인 소재일 경우에는 리본도 라피아나 광택이 없는 리본을 선택한다. 포장지가 무늬지인 경우에는 무늬색 중 제일 적은 컬러의 색을 리본색으로 선택하면 자연스럽게 포인트가 되면서 깔끔해 보인다.

5) 액세서리
상대방의 취향에 맞추고 선물의 가치를 높이기 위해 액세서리를 사용한다. 액세서리를 통해 선물을 암시할 수 있도록 내용물과 액세서리를 연관시키는 것이 중요하다. 최근에는 자연 친화적인 생화나 조화, 잎사귀, 열매와 단추, 비즈, 노리개, 스티커, 하트픽 등이 많이 사용된다.

6) 메시지 카드

제일 중요한 단계이다. 카드나 편지에 마음을 담아 선물과 함께 곁들이면 선물의 의미와 받는 사람의 기쁨을 극대화 시킬 수 있다. 글로 표현하기 어려울 때는 간단하게 그림을 그려 마음을 표현하는 것도 좋다. 태그 등을 사용해도 좋다.

7) 쇼핑백

선물과 포장재에 맞추어 쇼핑백의 색상이나 재질을 선택한다. 최근에는 선물 포장과 쇼핑백을 세트화해 선물을 준비하기도 한다.

선물 포장 시 유의할 점

1) 아름다우면서도 풀기 쉬운 포장일수록 받는 이의 만족도를 높일 수 있다.
2) 포장재나 리본은 재활용할 수 있도록 배려하는 센스를 발휘한다.
3) 지나치게 과도한 포장은 받는 이에게 부담이 되고 환경 보호에도 어긋나므로 삼가한다.

예쁘게 포장하는 노하우

1) 포장지는 정확한 크기로 재단한다.
2) 시접을 1cm 접어 자른 면이 보이지 않게 한다.
3) 상품이 손상될 수 있으므로 포장지와 물건은 절대 붙이지 않는다.
4) 각이나 모서리의 맵시가 나도록 손다림질을 해준다.
5) 리본을 묶을 때는 매듭은 작고 단단하게 하고 고리는 볼륨감을 살린다.
6) 포장지가 상자에 밀착되도록 한다.
7) 포장 방법을 잘 숙지하고, 포장지의 접는 부분을 정확하게 한다.

3. 우리나라 포장의 역사

전통 포장

1950년 이전까지의 포장을 말하며 볏짚, 천, 종이, 나무 용기 및 도기 등 자연 소재를 이용한 수공예적 포장이 대부분이다.

1) 순서에 따른 전통 포장 분류
· 1차 포장 - 내용물의 기본적인 포장 (예: 사주단자의 봉투)
· 2차 포장 - 1차 포장 후 의미 전달 등 기능적 목적을 위해 다시 하는 포장
      (예: 사주단자를 다시 사주 보자기로 싸는 것)

·3차 포장 – 1,2차 포장 후 운반 및 기타 목적으로 다시 포장하는 것.
        (예: 사주단자를 넣은 보자기를 함에 넣고 다시 보자기로 싸는 것)

2) 운반 형태에 따른 전통 포장 분류
드는 것, 메는 것, 지는 것, 이는 것, 차는 것 (주머니 안경집 등)

근대 및 현대 포장

1950년 이후의 포장을 말하며 산업 규모를 갖춤에 따라 전통 포장과 다른 개념의 새로운 형태, 다양한 포장들이 확산되었다. 전통 포장이 내용물의 보호성과 보관성을 중시하고 다회적, 다용도적이었다면 근대 및 현대 포장은 보호성, 편이성, 판촉성이 강조되었으며 1회성 포장이 주를 이루고 있다.

4. 베이커리 포장

베이커리 포장의 특징

1) 빵, 쿠키, 케이크 등 대부분의 베이커리 제품들은 손상되기 쉽기 때문에 효과적인 베이커리 포장을 통해 제품의 손상을 방지해야 한다.
2) 제품과 어울리는 포장재의 선택과 기법의 단순화를 통해 적은 비용으로 최상의 효과를 이끌어 내야 한다.
3) 제품이 효과적으로 강조되어야 된다. 제품이 보이지 않는 포장은 소비자의 신뢰를 떨어뜨릴 수 있으므로 샘플만 포장해 두거나 반만 포장하여 제품이 잘 보이도록 한다.
4) 포장에 필요한 인건비를 최소화한다.
6) 먹기 편하도록 포장해야 한다.
7) 아름다운 포장도 중요하지만 상품의 보존성도 고려해야 한다.
8) 선물용과 운반용 등 용도에 따라 포장 형태를 구분해 효율성을 높여야 한다.

베이커리 포장 시 주의할 점

베이커리 포장은 화려한 소품이나 값비싼 포장재가 아니더라도 제품의 특징과 매장의 이미지를 살려 독특한 이미지를 연출할 수 있으나 반면 잘못하면 제품과 매장 이미지를 혼란스럽게 하여 매장 이미지를 떨어뜨릴 수 있으므로 주의한다. 따라서 작은 용기라노 소홀히 여기지 말고 저렴하고 신용저인 포장 아이템을 구하도록 한다.

 포장지의 종류와 특성

겉면 포장지의 종류와 특성

1 타공지 두께가 있는 포장지에 일정한 간격으로 구멍을 뚫은 포장지이다.

2 스타드림지 은은하면서도 강렬한 메탈릭 계열 색의 페이퍼로 럭셔리한 느낌의 이미지를 내는 포장지이다. 펄이 들어 있어 환상적인 분위기를 연출한다.

3 유산지 반투명가공지로 통기성이 없어 비스킷, 커피 등의 포장에 사용된다. 또 내유지성이므로 버터 등 유지 제품이나 빵, 과자 포장 등에 많이 사용된다. 다양한 컬러가 있다.

4 레자크지 표면에 동물 가죽 모양으로 무늬를 낸 일반 포장지. 다양한 무늬와 색상이 특징이다. 광택이 없고 뒷면은 베이지 색을 띤다.

5 주름지 종이 전체에 주름이 있어 유연한 조직으로 어떠한 용도로도 사용이 가능한 포장지이다. 와인 등 병 포장이나 원형 상자 포장에 좋다. 단면 뿐 아니라 양면 주름지도 있다.

6 아트지 지면이 매끈하나 잘 찢어지는 것이 단점이다. 강한 광택을 가지고 있으며 다양한 패턴지가 많이 나와 있어 포장용으로 많이 사용된다.

7 펠트지 유수지와 무수지로 나누며 무수지가 부드럽고 안정성이 있어 많이 사용된다. 천 같은 느낌이 들어 입체 형태를 만드는 데 많이 이용된다.

8 크래프트지 표백하지 않은 펄프로 만든 갈색 종이. 잘 찢어지지 않고 튼튼하다. 소포용지 등으로 사용되며 캐주얼 또는 내추럴 이미지용 포장 용지로 많이 사용된다.

9 부직포 얇고 부드러우며 질기다. 정형화되지 않은 상품 포장에 적합하다. 와인이나 병 포장 등에 사용된다.

10 컬러 골지 지면에 골이 패여 있고 두께가 있다. 다양한 컬러가 있으며 양면이 같은 색이다.

11 구김지   손으로 구긴 것 같은 독특한 부늬의 표면 질감을 지닌 고급 포장 용지로 다양하고 아름다운 색상을 가졌으며 딘색이 많아 리본을 매치하기가 쉽다.

12 보자기   전통 포장의 형태로 물건을 쌀 수 있는 사각형의 천을 말한다. 새활용도 가능하고 포장 후에 실루엣이 예뻐 요사이 많이 사용되고 있는 추세이다.

13 냅킨   티 테이블에 제공되는 냅킨을 테이블 냅킨이라고 하는데 최근에는 레이스 달린 리넨을 사용하기보다 1회용 종이 냅킨을 많이 사용한다. 종이 냅킨은 색상과 무늬가 다양해 포장용으로 사용하기 좋을 뿐 아니라 보통 3겹으로 되어 있어 나누어 사용하면 볼륨감 있는 포장 용지가 된다.

그 외에도 망사, 골판지, 코팅지, 벽지, 원단, 엠보싱지 등 다양한 소재를 포장에 활용할 수 있다.

내부 포장지의 종류와 특성

1 습자지   매우 얇고 잘 찢어지나 제품을 보호하는 기능이 뛰어나며 다양한 색이 있어 여러 이미지를 표현할 수 있다. 물에 약하다.

2 한지   닥나무로 만든 한국의 전통지로, 외부 포장 뿐 아니리 내부 포장에도 자주 쓰인다. 빛깔이 은은하며 통풍이 잘 된다. 잘 찢어지지 않고 지질이 매우 부드러워 한과 포장 등에 사용된다.

리본의 종류와 특성

리본의 직조 방법에 따른 분류

1 천을 알맞은 크기로 잘라 사용
천의 가장자리를 특수 처리하여 올이 풀어지지 않게 한 리본으로 제조 과정이 간단하여 가격이 저렴하다.

2 가장자리를 철사로 처리
가는 철사를 가장자리에 넣어 리본을 짠 것으로 모양 내기가 쉬우나 가격이 비싸다.

3 가장자리를 짠 리본
끝이 여러 모양으로 짜져 사용 용도가 많고 세탁이 가능한 리본이다.

리본의 종류

1 라피아
갈대잎이나 짚을 물들여 만든다. 자연 친화적이어서 베이커리용으로 잘 어울린다.

2 지끈
종이를 꼬아서 만든 리본으로 한지와 잘 어울린다. 전통 포장이나 내추럴 느낌에 좋다. 꼬임을 펴서 사용하는 것도 가능한데, 지끈을 편 종이를 베네로우프지라고 한다.

3 매듭끈
매듭을 만들 때 사용되는 끈으로 신축성이 없고 광택이 나며 깔끔하다. 재료는 견사를 이용하나 요즘은 인견사나 합섬사를 사용한다. 한지, 전통문양 포장지와도 잘 어울린다.

4 노끈
실, 삼, 종이를 비비거나 꼬아서 만든 끈으로 거친 포장지와 잘 어울린다. 최근 많이 사용되고 있다.

5 스웨이드 끈
어린 양이나 소의 가죽을 보드랍게 보풀린 가죽을 스웨이드라고 하는데, 스웨이드 끈은 인조 가죽으로 이와 같은 느낌을 낸다.

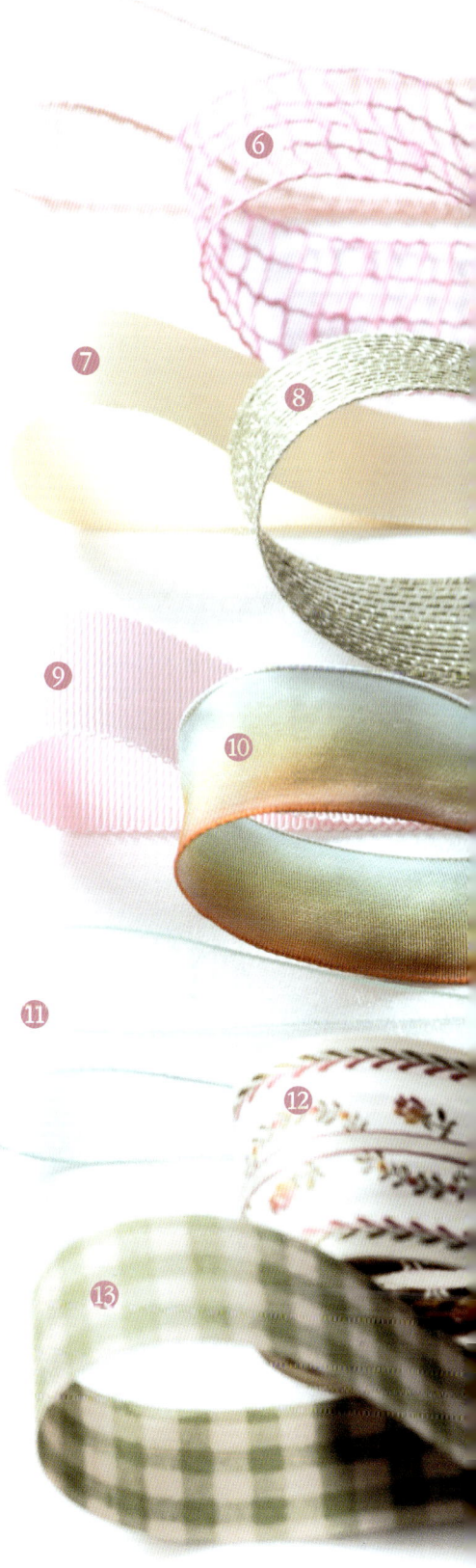

6 네트 리본   네트 모양으로 직조되어 캐주얼 풍 이미지 등에 사용한다. 물건을 심플하게 포장할 때 사용하면 좋다.

7 새틴 리본   중국 복건성의 지명에서 유래된 리본이다. 우아하고 고급스러운 실크 느낌을 주는 공단 리본으로 한쪽 면에만 광택이 있는 것과 양면에 광택이 있는 두 종류가 있다. 포장용으로 가장 많이 사용되며 회사 로고 등을 프린트하기 용이하다.

8 마 리본   천연 마 섬유로 만든 리본. 거칠고 질기며 조직이 성글다. 자연친화적인 느낌을 내는 소재로 베이커리와 잘 어울리지만 가격이 비싼 편이다.

9 그로스 그레인 리본(골지리본)   두꺼운 리본이며 골이 나 있고 다양한 폭으로 시판된다. 가장자리에 스티치가 있는 리본은 베이커리용 포장재로 많이 사용된다.

10 와이어 에지 리본   가장자리에 철사가 들어 있어 리본의 모양내기가 쉽다. 유럽 등에서 많이 사용되며 철사를 빼면 일반 리본처럼 사용이 가능하다. 가격이 비싼 편이다.

11 오건디 리본   얇게 비치는 반투명 소재로 가볍고 아름답고 정교하다. 드레시한 분위기로 직조와 염색 프린트 등에 따라 다양한 모양을 낸다. 체크, 스트라이프, 프릴, 그라데이션, 노트 등 용도에 따라 여러 가지 모양이 나온다.

12 자카드 리본   직조 단계에 무늬를 넣어 짠 리본. 뒷면이 앞과 달라 묶을 때 유의해야 한다. 포인트용으로 많이 사용되니 가격이 비싸다.

13 체크 코튼 리본   체크 무늬가 있는 면 리본. 여러 가지 패턴과 색깔의 체크 무늬가 경쾌하며 캐주얼한 느낌을 준다. 상자에 길게 두르기 보다는 포인트용으로 많이 사용한다.

Tool

여러 가지
포장 도구

❶ 자

포장지를 사용해 포장할 때는 거의 자를 사용하지 않고 눈짐작으로 마름질한다. 그러나 상자를 만들 때는 정확한 치수가 필요하므로 자를 사용해야 한다. 인치(inch)보다는 센티미터(cm) 자를 사용한다. 플라스틱 자보다 선을 긋기 쉬운 쇠자가 더 선호된다.

❷ 가위

리본을 자를 때 사용한다. 양면테이프를 자르면 끈끈이가 묻어 잘 떨어지지 않으므로 주의해서 사용하도록 한다. 리본을 충분히 자를 수 있는 크기의 가위가 좋다.

❸ 핑킹가위

둥근 모양이나 뾰쪽한 모양으로 잘리는 모양 가위. 포장지, 부직포 등에 모양을 낼 때 사용되며 끝을 정리할 때도 사용된다. 리본은 핑킹가위로 자르면 올이 잘 풀리지 않는다. 기계적인 느낌을 준다는 단점이 있다.

❹ 펀치

구멍을 뚫는 데 사용한다. 다양한 모양을 만드는 펀치가 나와 있어 여러 용도로 사용되고 있다.

❺ 스탬프

메시지 카드나 태그를 만들 때 사용한다. 수제 카드 만들기가 유행하면서 다양한 모양이나 문구를 새긴 스탬프가 인기를 끌고 있다. 잉크는 수성, 유성, 섬유용, 스프레이 등이 있다.

❻ 모루

아주 가는 철사(와이어)에 합성섬유나 비닐 재질로 된 가느다란 털이 촘촘히 붙어 있는 공예 재료이다. 포장에 장식용으로 쓰는 오너먼트를 만들거나 오너먼트를 포장에 달 때 사용한다.

❼ 열매, 꽃, 캐릭터

장식용으로 많이 사용되며 여러 가지 분위기를 만드는 데 사용한다.

❽ 스타핑

가늘게 자른 종이나 합성섬유, 비닐 소재와 나무 껍질 등 자연소재를 말하며 상자나 바구니의 빈공간을 채워 넣는 용도로 사용한다.

⑬ 펜치
철사를 자를 때 사용한다. 없을 때는 가위의 사용 안 하는 안쪽으로 잘라도 된다.

⑭ 칼
커터칼이 좋다. 날이 조금 남으면 잘 잘리지 않으므로 긴 날을 사용하는 것이 좋다.

⑮ 컴퍼스
동그라미를 그릴 때 사용한다. 고정이 잘 되는지 꼭 확인하고 사용하도록 한다.

⑯ 풀, 글루건
고체형 풀과 스프레이 풀 등이 있다. 조금 사용할 때는 고체형 풀이 좋으나 대량으로 사용할 때는 스프레이풀이 좋다. 그러나 건조가 빠르므로 주의하여야 한다. 풀보다 강력한 접착제인 글루건은 심을 열로 녹여 붙인다. 녹았던 심이 다시 굳으면서 강한 접착력이 생긴다.

⑨ 연필
포장할 때는 속도가 중요하므로 필기구는 사용하지 않고 포장지를 살짝 접어 자국을 내는 것으로 선을 대신한다. 다만 상자를 만들 때는 정교함을 요하므로 연필이 사용되기도 한다.

⑩ 날클립
여러 장의 종이를 한 번에 묶을 때 쓰는 사무용품으로, 컬러 클립은 포장할 때 포인트로 사용된다.

⑪ 양면테이프
바깥쪽에서 보이는 곳에 두 면을 붙일 때 사용한다. 수로 풍이 양면테이프를 사용한다.

⑫ 셀로판테이프
보이는 곳에는 사용하지 않으며 안쪽에 붙일 때 사용한다. 부직포는 잘 붙지 않는다.

Tag 태그 만들기

*레터링

레터링 스티커를 종이 위에 대고 전사펜으로 꼭꼭 누르면 원하는 문자를 새겨 넣을 수 있다. 한글, 영문, 대문자, 소문자 등 여러 가지 폰트가 있다.

*핑킹가위

종이 끝을 모양내어 자를 때 사용한다. 뾰족한 모양과 곡선 모양 등 여러 가지 패턴이 나와 있다. 스탬프나 모양 펀치와 함께 사용하면 좋다.

*펀치

원형 펀치는 태그에 줄을 끼워 넣을 때 많이 사용한다. 모양 펀치로 구멍을 뚫고 뒷면에 다른 색 종이를 붙이면 간단하게 태그를 완성할 수 있다.

*아일렛

태그에 아일렛 펀치를 이용해 심을 박으면 테두리를 넣은 구멍이 뚫린다. 뒷면이 꽃처럼 벌어지는 펀치와 아일렛 암, 수를 박을 수 있는 펀치가 있다.

*프린트

크래프트지나 한지에 원하는 글자를 프린트 한 다음 작게 자르면 쉽게 태그를 만들 수 있다. A4크기의 크래프트지나 한지가 없을 때는 A4 용지를 대고 똑같이 잘라 만든다.

 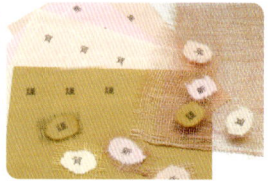

✳ 스탬프

스탬프를 종이에 찍은 다음 오리면 간편하면서도 예쁜 태그가 된다. 검정색 종이에 투명잉크로 나비
모양 스탬프를 찍은 다음, 붓으로 펄 파우더를 뿌리면 반짝이는 나비 태그가 완성된다.

✳ 태그의 예

기본 포장법

* 캐러멜 포장

앞   뒤

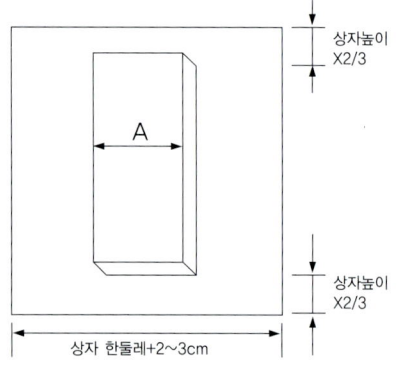

상자높이
X2/3

A

상자높이
X2/3

상자 한둘레+2~3cm

❶ 한쪽 포장지 끝에 시접을 1cm 접는다. 가운데에서 시작해 양 옆으로 누르며 접어야 간격이 일정하다.

❷ 1에서 접은 시점에 양면테이프를 붙인다.

❸ 상자의 바닥이 위를 향하도록 포장지 위에 놓고 시접 접은 면이 상자의 중앙에 오도록 덮는다.

❹ 반대편 포장지를 덮어 올려 시접 접은 면 아래로 넣는다.

❺ 양면테이프를 떼어 고정한다.

❻ 시접이 있는 쪽 포장지를 직각으로 접는다.

❼ 6의 양 옆이 45°가 되도록 접는다.

❽ 시접이 없는 쪽 포장지를 위로 올려 접는다.

❾ 8의 시접을 바깥쪽으로 1cm 정도 접어 자국을 낸다.

❿ 9를 다시 안쪽으로 접는다.

⓫ 10 위에 양면테이프를 붙인다.

⓬ 양면테이프로 붙인다.

20

*주름 포장

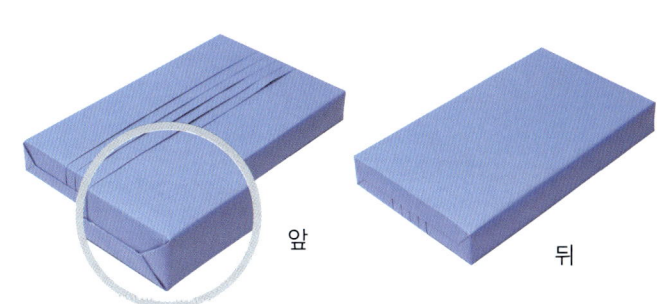

앞   뒤

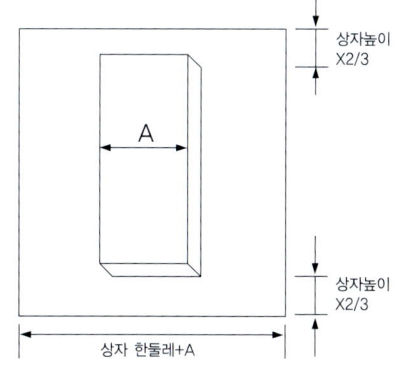

상자높이
X2/3

A

상자높이
X2/3

상자 한둘레+A

❶ 포장지에 상자를 올리고 [한둘레
+ 윗면 너비]만큼을 접어 표시한다.

❷ 1에서 접은 부분에서 시접을 1cm
접는다.

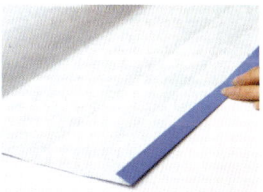

❸ 시접을 접고 남은 길이를 사등분
으로 접어 표시한다.

❹ 사등분한 한 부분의 1/3을 접어
주름을 잡는다.

❺ 나머지 세 칸도 같은 방법으로 접
어 5개의 주름을 만든다.

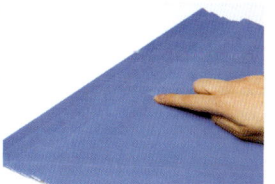

❻ 주름을 꼼꼼히 눌러 섭는다.

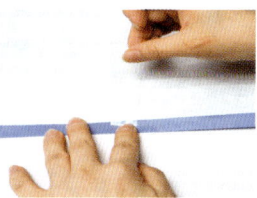

❼ 포장지를 뒤집은 후 주름 한가운
데에 셀로판테이프를 붙여 주름을
고정한다.

❽ 7이 양쪽에 셀로판테이프를 붙여
주름을 고정한다.

❾ 시접에 양면테이프를 붙인다.

❿ 포장지 위에 상자를 올리고 5개
의 주름이 정 가운데에 오도록 위치
를 잡아서 덮는다.

⓫ 반대편 포장지를 덮어 올려 10의
아래로 넣은 후 양면테이프로 고정
한다.

⓬ 높이 쪽은 캐러멜 포장으로 마무
리한다.

*스퀘어 포장

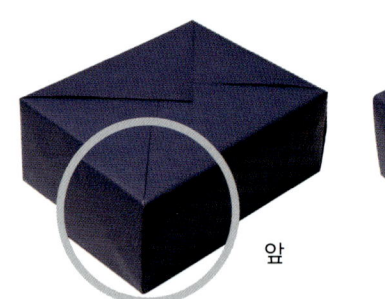
앞

뒤

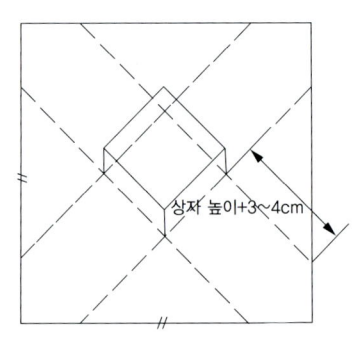

상자 높이+3~4cm

❶ 포장지를 마름모꼴로 놓고 상자를 정 중앙에 올린 후 포장지의 한쪽 모서리를 상자 위로 올린다.

❷ 왼쪽 시접을 상자 모서리에 맞춰 접어 넣는다.

❸ 2의 포장지를 끌어 올려 상자의 높이와 수직이 되도록 접는다.

❹ 접어 올린 포장지가 상자의 꼭짓점과 45°가 되도록 시접을 밖으로 접어 자국을 낸다.

❺ 자국 낸 시접을 안으로 접어 넣는다.

❻ 포장지가 움직이지 않도록 가운데 부분을 셀로판테이프로 붙여 고정한다.

❼ 오른쪽도 같은 방법으로 처리한 후 나머지 포장지를 접어 올린다.

❽ 7의 포장지를 밀착해 상자를 덮는다.

❾ 오른쪽 시접을 4~5와 같은 방법으로 접어 처리한다.

❿ 왼쪽 시접도 같은 방법으로 접는다.

⓫ 중심 부분에 삐져나오는 시접을 안으로 접어 라인을 정리한다.

⓬ 양면테이프를 모양에 맞게 꺾어 붙인다.

*회전 포장

앞   뒤

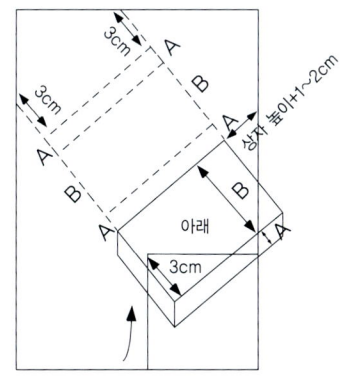

3cm
3cm
A
B
A
B
A
3cm
상자 높이+1~2cm
A
B
아래
A
3cm

❶ 포장지를 마름모꼴 모양으로 놓고 상자를 올린다. 이 때 그림에서 표시한 길이를 지켜서 위치를 잡는다.

❷ 시접을 접어 올리며 왼쪽 포장지를 높이와 수직이 되도록 끌어올린다.

❸ 왼쪽 포장지를 상자 위로 덮어 올린다. 이때 셀로판테이프로 고정해도 좋다.

❹ 상자를 위로 한 바퀴 돌린다.

❺ 돌리면서 집히는 부분을 깔끔하게 접는다.

❻ 오른쪽을 ❷와 같은 방법으로 접어 올린다.

❼ 나머지 포장지도 같은 방법으로 모서리를 정리하여 싱싱를 덮이 볼린다.

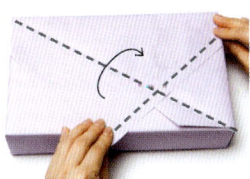

❽ 덮은 부분을 상자의 대각선 방향으로 집어 각구을 내다

C
A
B

❾ 8의 시접을 밖으로 편 뒤 A부분의 시접을 밖으로 접는다.

C
D

❿ B 부분의 시접을 안으로 접어 넣은 후 9에서 접은 A부분의 시접도 안으로 접는다.

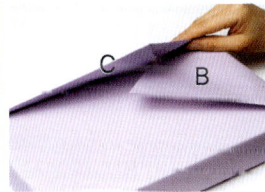

C
B

⓫ C 부분의 시접도 안으로 접어 넣고 B 시접의 꼭지점을 A 시접의 꼭지점 안으로 끼워 넣는다.

⓬ 시접 밑에 양면테이프를 붙여 고정한다.

 # 리본 매는 법

*일자매기

매기의 제일 기본이며 가로 세로 상관없이 한 줄로 리본을 두른다. 심플한 느낌을 주며 상자가 작을 때 사용하면 좋다. 속을 들여다 볼 수 있는 투명 상자일 때나 제품이 리본보다 강조될 필요가 있을 때 효과적이며 베이커리 포장 시 많이 이용한다.

❶ 리본으로 상자를 한 바퀴 두른다.

❷ 왼쪽 다리는 아래로, 오른쪽 다리는 위로 가도록 묶는다.

*십자매기

가장 많이 사용되는 매기이다. 상자 크기에 상관없이 사용하며 포장의 효과가 가장 강조된다. 포장 후 견고하고 안정된 느낌을 주며 어떤 리본 묶기 기법과도 잘 어울린다. 케이크, 롤 케이크, 파운드케이크 등 무거운 상자를 포장할 때 좋다.

❶ 리본으로 상자의 세로를 한 바퀴 두른 후 상자를 반 시계 방향으로 90° 회전시키며 리본을 상자 중심에서 직각으로 교차시킨다.

❷ 아래 리본을 상자 밑으로 돌려서 한 바퀴 두른다.

❸ 3의 두른 리본은 그대로 잡은 채 상자를 다시 세로로 돌리며 위 리본을 6시 방향으로 내린다.

❹ 4의 리본을 교차한 리본 아래로 넣어 2시 방향으로 빼서 고정시킨다.

*사선매기

십자 매기보다 리본이 적게 들지만 효과는 비슷하다. 견고한 느낌은 십자 매기보다 덜하다. 주름 포장처럼 가운데 주름이 있을 때나 상사 가운데에 로고나 브랜드 명이 있을 경우 중앙을 피할 수 있어 편리하다.

❶ 리본을 상자 오른쪽 윗부분에 사선으로 놓고 위쪽을 손가락으로 누른다.

❷ 오른쪽 리본을 상자 아래쪽으로 돌려 감아 올린 뒤 1과 평행하게 두른다.

❸ 리본을 다시 아래쪽으로 돌리고 처음 리본이 시작된 모서리로 올린다.

❹ 3의 올린 리본을 1의 리본 아래로 넣어 오른쪽으로 빼 고정시킨다.

*V자매기

직사각형 상자에 이용하면 좋다. 안정성은 약간 떨어지나 적은 리본으로 많은 면을 처리할 수 있다. 부분을 상자 중간부위에 놓으면 X자 매기가 된다. 어른스러운 느낌이 나는 포장을 할 때 사용하면 좋다.

❶ 상자의 한쪽 변의 중심에 리본을 놓고 손가락으로 눌러 고정한 뒤 상자 아래쪽으로 리본을 내린다.

❷ 리본으로 상자를 한 바퀴 두른다.

❸ 2의 리본과 간격을 벌리며 한 바퀴를 더 두르고 처음 리본이 시작된 모서리에서 위쪽으로 보낸다.

❹ 3의 리본을 아래로 넣어 오른쪽으로 빼 고정시킨다.

리본 묶는 법

＊외 리본

가장 간단한 방법으로 리본이 적게 들고 심플한 느낌으로 활용도가 높다. 베이커리 포장 시 적은 비용으로 큰 효과를 볼 수 있어 실용적이며 옷고름과 같은 모양이어서 전통 포장 시 자주 사용한다.

❶ 매기 후 왼쪽 리본으로 보우를 만든다.

❷ 오른쪽 리본으로 1의 보우를 돌려 감는다.

❸ 2의 리본을 고리 안으로 끼운다.

❹ 2의 끼운 리본을 잡아 뺀 후 당기며 보우의 모양을 잡는다.

＊싱글나비 리본

리본의 가장 기본적인 형태. 양면 리본, 단면 리본에 따라 매는 방법이 달라지고 여러 겹을 연달아 매어 풍성하게 하기도 하며 보우를 연결할 때도 많이 사용한다. 상자의 짧은 변을 기준으로 하여 리본의 크기가 4/5를 넘지 않도록

❶ 매기 후 왼쪽 리본으로 보우를 만든다.

❷ 오른쪽 리본으로 1의 보우를 돌려 감는다.

❸ 2의 리본을 고리 안으로 끼우며 다른 보우를 만든다.

❹ 보우에 손가락을 걸어 잡아당기며 모양을 잡는다.

*트리플 리본

사랑을 고백하는 리본으로 더 살 알려져 있다. 보의 개수가 홀수이므로 부족한 한 개는 상대방이 채워주라는 의미. 나란히 한 방향으로 내린 다리는 영원히 함께 간다는 뜻을 담고 있다. 샴페인 등 축하 때나 고백할 때 사용한다.

❶ 매기 후 왼쪽 리본으로 오른쪽 보우와 왼쪽 보우를 하나씩 만든다.

❷ 오른쪽 리본을 1의 가운데로 내리며 감싼다.

❸ 2의 리본을 고리 안으로 끼워넣어 안쪽 보우를 하나 더 만든다.

❹ 보우에 손가락을 걸어 잡아 당기며 모양을 잡는다.

*두줄 더블 나비 리본

화려한 리본에 많이 사용되고 있다. 케이크 등 상자 포장 시 많이 사용하고 두 번째 리본을 다른 컬러로 하여 포인트를 주면 한층 멋을 낼 수 있다. 십자매기와 잘 어울린다. 리본이 많이 사용 되므로 고가의 상품일 때 사용하는 것이 좋다.

❶ 매기 후 싱글 나비 리본을 묶고 오른쪽 다리를 위로 올린다.

❷ 다른 리본을 1의 리본 아래에 넣는다.

❸ 2의 리본으로 싱글 나비 리본을 한 번 묶은 후 보우에 손가락을 걸어 잡아당기며 모양을 잡는다.

❹ 오른쪽 다리를 왼쪽 위로 올린다.

보우 만들기

*양면 싱글 나비 리본

리본 양면의 색이나 질감이 다를 때 싱글 나비 리본 기법을 사용하면 보우의 양쪽이 서로 다르게 된다. 이럴 때 사용할 수 있는 기법이다.

① 매기 후 왼쪽 리본으로 보우를 만든다.

② 오른쪽 리본으로 1의 보우를 돌려 감는다.

③ 2의 리본을 고리 안으로 끼운다.

④ 2의 끼운 리본을 잡아 뺀 후 당기며 보우의 모양을 잡는다.

⑤ 보우에 손가락을 걸어 잡아당기며 모양을 잡는다.

*싱글 타이드 보우

나비 모양으로 꼬은 리본의 가운데를 와이어로 고정해서 만들며 매듭이 얇아 여러 개 만들어 겹쳐 사용해도 좋다. 누구나 쉽게 사용하는 아주 기본이 되는 기법이다.

① 다리를 남기고 리본 흐름대로 돌려 사진처럼 링을 만든다.

② 링의 가운데를 눌러 2겹을 모은다.

③ 2에서 모은 가운데를 와이어로 묶는다.

✳ 더블 타이드 보우

싱글 타이드 보우를 만들고 양 쪽에 보우를 하나씩 더 만들어 가운데를 와이어로 고정한다. 전형적인 리본 모양으로 활용도가 아주 높다.

 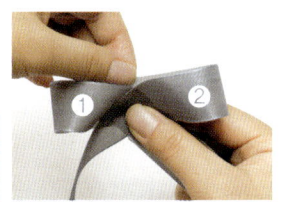

❶ 다리를 남기고 리본 흐름대로 돌려 사진처럼 링을 만든다.　❷ 링의 가운데를 눌러 2겹을 모은다.

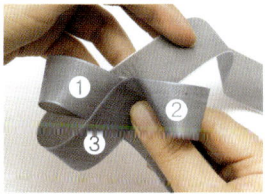 

❸ 왼쪽 리본으로 세 번째 보우를 만든다.　❹ 3의 리본으로 네 번째 보우를 만들며 다리를 아래로 내린다.

❺ 보우의 가운데를 와이어로 묶는다.

✳ 8자 보우

8자 모양을 만드는 기법으로 한 개나 여러 개를 겹쳐서 사용해도 좋다. 화려한 모양이며 볼륨이 필요한 포장일 때 사용한다.

❶ 다리를 남기고 리본 흐름대로 돌려 사진처럼 링을 만든다.　❷ 반대쪽에도 리본의 흐름대로 링을 만든다.

 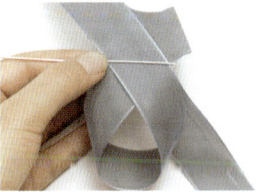

❸ 보우의 모양이 8자가 난다.　❹ 보우의 기운데를 와이어로 묶는다.

*크로스보우

8자 보우와 같이 8자를 만드나 리본을 뒤집어 높이가 높고 볼륨이 좋다. 아름다우며 8자를 여러 번 겹쳐 동그랗게 펼치면 어디서 보나 입체감 있는 모양을 볼 수 있다.

❶ 다리를 남기고 리본 흐름대로 돌려 사진처럼 링을 만든다.

❷ 반대쪽에도 같은 방법으로 링을 만든다.

❸ 보우의 가운데를 와이어로 묶는다.

*프렌치 보우

안과 겉이 있는 리본을 이용하여 만드는데, 보우 하나 하나가 모두 겉이 보이게 만드는 것이 포인트이다. 180° 꼬아주면서 양쪽의 균형을 잘 맞추어야 한다. 화려하여 꽃 포장을 할 때 많이 사용한다.

❶ 리본 끝을 180° 꼰다.

❷ 작은 링을 하나 만든다.

❸ 처음 꼬았던 위치에서 다시 180° 꼰다.

❹ 두 번째 링을 만든 후 처음 꼬았던 위치에서 다시 180° 꼰다.

❺ 세 번째 링을 만든다.

❻ 같은 방법으로 일곱 번째 링까지 만든 후 가운데를 와이어로 묶고 다리를 짧게 자른다.

*보우 연결법 1

상자에 리본 매기를 하고 그 위에 미리 만들어 놓은 보우를 올린 후 다시 한 번 나비 리본을 매어 연결하는 방법이다. 위에 올리는 보우는 주로 8자나 크로스 보우를 쓴다.

❶ 상자에 리본 매기를 한다.

❷ 1위에 만들어놓은 보를 올리고 1의 리본으로 한 번 묶어 고정시킨다.

❸ 2의 리본으로 싱글 나비 리본을 묶는다.

*보우 연결법 2

미리 만들어놓은 보우를 상자에 맨 리본으로 묶어 연결하는 방법은 같지만 묶은 부분의 매듭을 보우 밑에 오게 한다음 다리를 만들어 마무리한다.

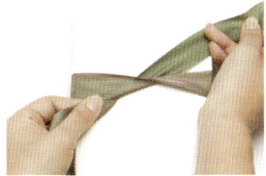

❶ 상자에 리본 매기를 한다.

❷ 1위에 만들어놓은 보를 올리고 가운데 링 속으로 1의 리본을 끼운다.

❸ 2의 보우 밑에서 한 번 볶어 고성시키고 원하는 길이로 리본을 잘라 다리를 만든다.

*기본 포장 기법

Wrapping for
Season

Caramel Wrapping

나비 장식 캐러멜 포장

가장 기본적인 캐러멜 포장에 화사한 노란색 리본을 두르고 나비모양의 코사지를 꽂아 포인트를 주었다. 화려한 코사지를 쓸 때는 포인트를 살릴 수 있도록 리본 매기는 단순하게 하는 것이 좋다. (20페이지 도면 참고)

Ingredients

포장지, 새틴 리본 두 가지 색, 나비 장식, 양면테이프

How to

1 한쪽 포장지 끝에 시접을 1㎝ 접고 양면테이프를 붙인다. 시접은 가운데에서 시작해 양 옆으로 누르며 접어야 간격이 일정하다.

2 상자의 바닥이 위를 향하도록 놓고 시접 접은 면이 상자의 중앙에 오도록 덮는다.

3 반대편 포장지를 덮어 올려 시접 접은 면 아래로 넣어준 후 양면테이프를 떼어 고정한다.

4 상자를 세워 시접이 있는 쪽 포장지를 직각으로 접은 후 양 옆을 45°가 되도록 접는다.

5 나머지 부분을 접는다.

6 양 옆이 Y자가 되도록 시접을 접어 넣고 양면테이프로 붙인다.

Decoration

1 새틴 리본으로 상자를 한 바퀴 감고 묶는다.

2 외 리본을 묶는다.

3 다른색 리본을 새틴 리본 밑으로 끼워 한 번 묶은 후 외 리본을 묶는다.

4 나비 장식을 붙인다.

Tip 리본 다리를 자를 때는 사선으로 잘라야 한다.

Caramel Wrapping

하트 오너먼트 캐러멜 포장

기본적인 캐러멜 포장에 노란색 유산지로 만든 띠지를 두르고 새틴 리본을 묶었다.
유산지 대신 넓은 피코트 오간디 리본을 사용하면 사랑스러운 봄의 느낌이 더욱
살아난다.

Ingredients

크래프트지, 유신지 또는 피코트 오간디 리본, 새틴
리본, 하트 오너먼트, 모루, 양면테이프

How to

1 캐러멤 포장을 한 상자에 유산지로 만든 띠지를 누르고
  양면테이프로 고정한다.

2 리본을 두르고 트리플 리본으로 묶는다.

3 리본 중간에 모루로 하트 오너먼트를 묶어준다.

Tip 하트 오너먼트를 다는 네 시용한 모루는 짧고 부드러운 털로 감싼 아이어이다. 오너먼트를 리본에 달 때나 비닐 포장 후
끝부분을 묶을 때 주로 사용된다. 삭은 부분이지만 일반 와이어 대신 모루를 사용하면 더욱 섬세한 징셍이 느껴진다.

Caramel Wrapping

THANK YOU

새싹 캐러멜 포장

시접을 상자의 뒷부분에 오도록 하는 보통의 캐러멜 포장과 달리 시접이 윗부분에 오게 되므로 상자를 뒤집을 필요 없이 빠르고 쉽게 포장할 수 있다. 내용물이 흔들리지 않아야 하는 베이커리 포장에 사용하면 편리하다.

Ingredients

펄 구김지, 넓은 새틴 리본, 골지 리본, 패턴 골지 리본, 양면테이프

How to

1 상자 위로 시접 없는 쪽 포장지를 먼저 접은 후 시접 있는 면을 위로 올려 양면테이프로 고정한다. 높이 쪽은 캐러멜 포장으로 마무리한다.

Decoration

2 넓은 새틴 리본으로 상자를 한 바퀴 두르고 뒷면에 양면테이프로 고정한다.

3 새틴 리본 위에 골지 리본을 한 번 더 둘러준다.

4 패턴 골지 리본으로 골지 리본의 중간을 감아 묶는다.

5 다리를 사선으로 짧게 자른다. 양쪽의 사선을 다른 방향으로 한다.

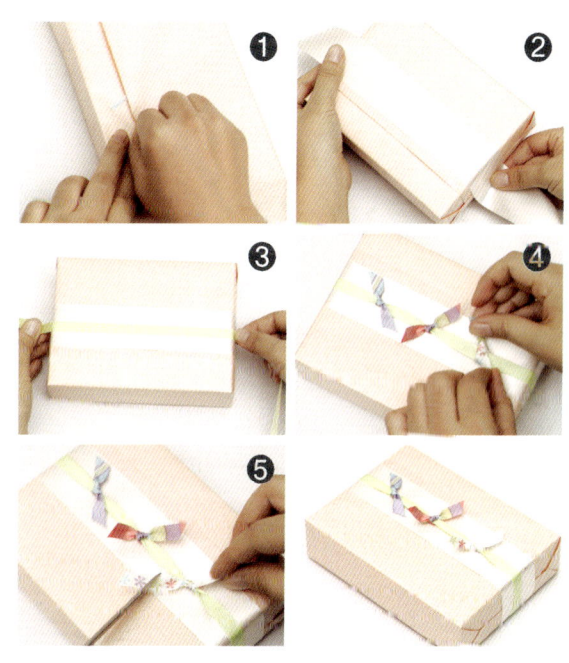

Caramel Wrapping

주름 캐러멜 포장

새싹 캐러멜 포장과 같이 상자를 뒤집지 않고도 포장할 수 있다. 상자 위로 올라오는
시접에 주름을 잡아 밋밋한 포장에 변화를 주었다. (21페이지 도면 참고)

Ingredients

크래프트지, 라피아, 셀로판테이프, 양면테이프,
스티커

How to

1 포장지에 상자를 올리고 [한둘레 + 윗면 너비] 만큼을
  접어 표시한다.

2 시접을 1㎝ 접고 남은 길이를 삼등분으로 접어 표시한다.

3 삼등분한 한 부분의 ⅓을 접어 주름을 잡는다. 두 번
  반복한다.

4 포장지를 뒤집은 후 주름 한가운데에 테이프를 붙여
  주름을 고정한다.

5 시접에 양면테이프를 붙인다.

6 포장지 위에 상자를 올리고 주름 잡지 않은 면을 먼저
  덮는다

7 주름 있는 면을 덮어 양면테이프로 고정하고 높이 쪽은
  캐러멜 포장으로 마무리한다. 라피아로 상자를 두 번
  돌려 감은 다음 외 리본으로 묶고 스티커를 붙여 마
  무리 한다.

Tip 주름의 볼륨을 살리려면 시접에 양면 테이프를
  안쪽으로 깊이 붙인다

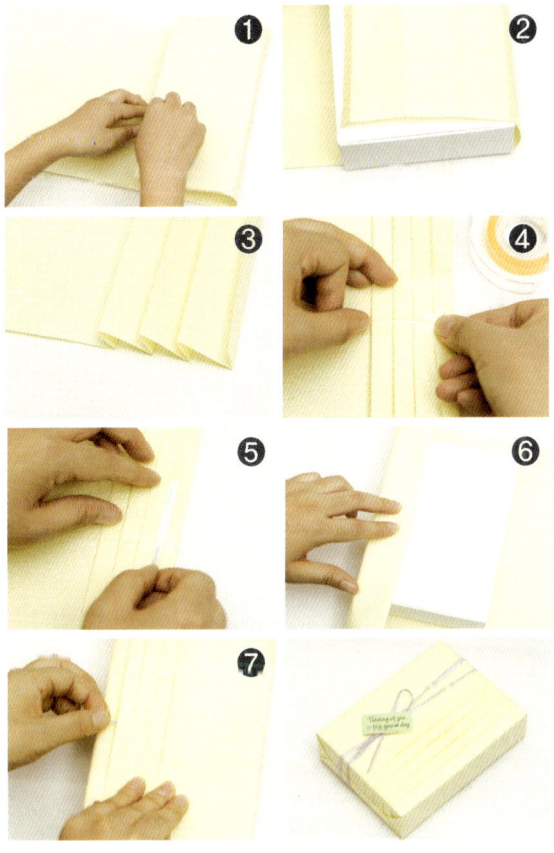

Formless Wrapp

카네이션 포장

가장 대표적인 부직포 포장으로, 육면체의 상자를 부직포를 이용해 포장하였다.
만들기 쉽고 시간이 적게 걸리기 때문에 상업적인 목적으로 많이 쓰인다.

Ingredients

비닐 부직포, 새틴 리본, 와이어 리본, 와이어, 양면
테이프

How to

1 직사각형 부직포를 두 겹으로 접어 상자를 올린다.

2 위, 아래를 접어 올려 가운데를 양면테이프로 고정한다.

3 옆면을 잘 맞추어 왼쪽 부직포를 섭어 글린니.

4 같은 방법으로 오른쪽 부직포도 접어 놀린다.

5 부직포를 상자 한가운데서 모아 쥔 후 와이어를 감아
   고정한나.

6 새틴 리본과 와이어 리본을 겹쳐 싱글 나비 리본으로
   묶는다. 윗부분늘 카네이션 모양으로 다듬는나.

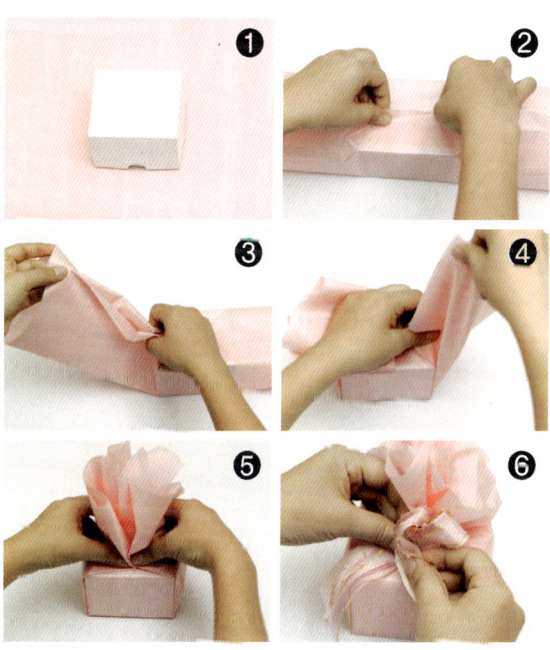

Formless Wrapping

응용 포장

8자보우 무정형 포장

형태가 불규칙한 물건은 예쁘게 포장하기가 어려운데 부직포를 사용하면 구김이 드러나지 않아 자연스럽게 포장할 수 있다.

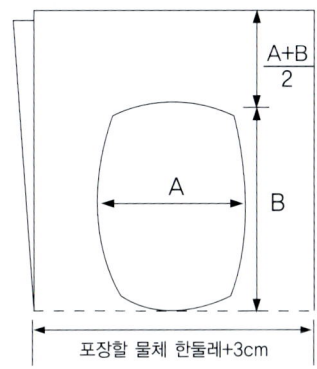

Ingredients

펄 부직포, 새틴 리본 세 가지 색상, 패턴 골지 리본, 와이어

How to

1 포장할 물건을 적당한 위치에 놓고 길게 자른 부직포로 둘러싼다.

2 안쪽으로 주름을 잡으며 한 쪽 면을 접어 다른 쪽 위로 올린다.

3 윗면과 아랫면에 주름을 잡으며 윗면 $\frac{1}{3}$ 지점에서 모아준다.

4 모아 쥔 부직포를 와이어로 감아 고정한다.

Decoration

5 새틴 리본으로 크로스 루프 보우를 3개 만든다.

6 패턴 골지 리본으로 부직포를 감싸 묶고 와이어를 뺀다 크로스 루프 3개를 겹쳐 올리고 7의 패턴 골지 리본으로 싱글 나비 리본을 묶는다.

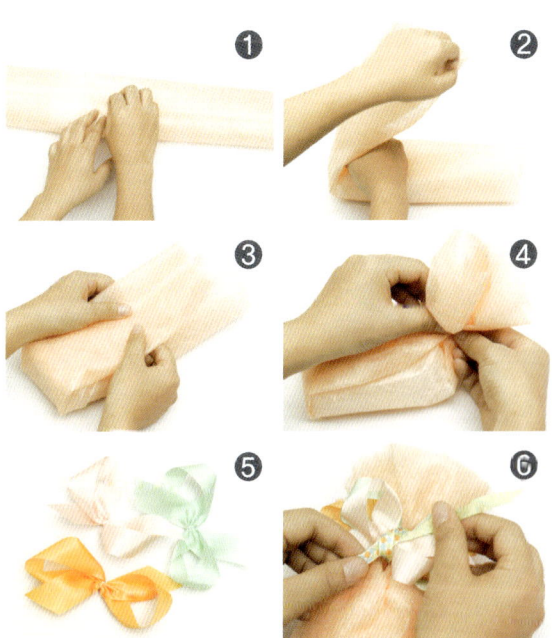

응용 포장

Formless Wrapping

주머니 무정형 포장

베네로우프지를 반으로 접고 양면테이프로 겉과 겉을 붙여 간단하게 주머니를
만들어 포장 할 물건을 넣었다. 같은 소재의 다른 색 베네로우프지로 칼라 코디를
하여 변화를 주었다.

Ingredients

베네로우프지 세 가지 색상, 그라데이션 라피아,
와이어, 양면테이프

How to

1 길게 재단한 베네로우프지를 반으로 섭고 맞딯은 면의
양끝에 양면테이프를 붙여 주머니를 만든다.

2 주머니 안에 포장할 물건을 넣고 다른 색 베네로우프지
로 띠지를 만들어 두른다.

3 위쪽을 모아서 얇고 길게 재단한 베네로우프지로 한 번
묶는다.

Decoration

4 그라네이션 라피아를 손에 여러 번 감는다.

5 가운데에 와이어를 감는다.

6 양쪽 끝을 가위로 잘라 코사지를 완성한다.

7 그라데이션 라피아 두 겹으로 주머니의 윗부분을 한 번
더 묶는다.

8 그라데이션 라피아로 코사지의 가운데를 붂어 주버니에
고정한다.

9 코사지를 위로 잡아 모으고 밑 부분에서 한 번 더 묶는다.

10 코사지 모양을 다듬어 완성한다.

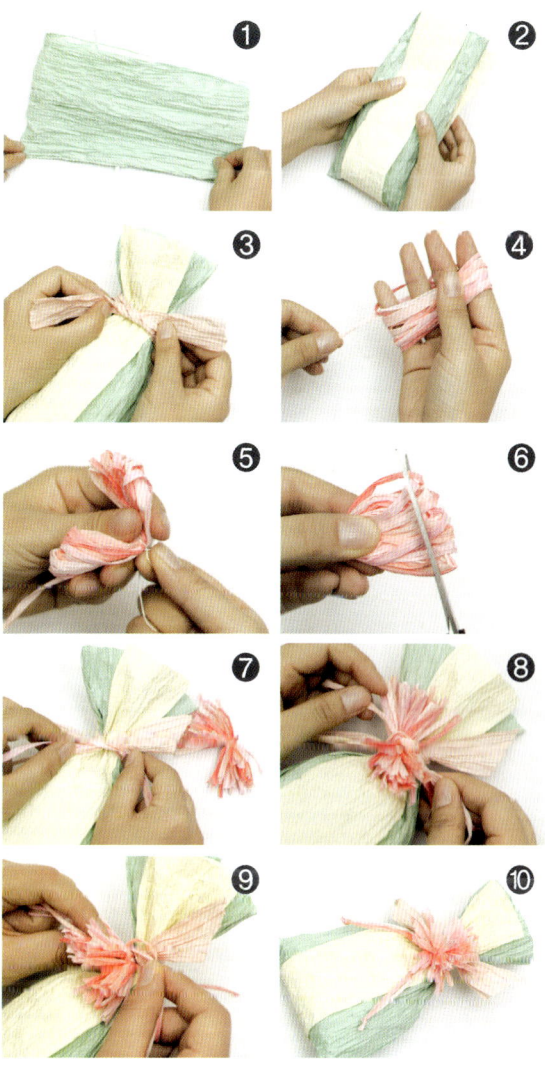

더블나비 리본 스퀘어 포장

스퀘어 포장은 상자를 뒤집지 않고 포장할 수 있어 편리하다. 포장지 모서리가 상자
위에 마름모꼴로 덮이고 특히 옆면이 깔끔하게 마무리 된다는 점이 특징이다.
(22페이지 도면 참고)

Ingredients

아트지, 오건디 리본, 가는 새틴 리본, 글루건,
양면테이프

How to

1 포장지를 마름모꼴로 놓고 상자를 올린 후 포장지의 한
쪽 모서리를 상자 위로 올린다.

2 왼쪽 시접을 상자 모서리에 맞춰 접어 넣는다.

3 2의 포장지를 끌어 올려 상자의 높이와 수직이 되도
록 접는다.

4 접어 올린 포장지가 상자의 꼭짓점과 45°가 되도록
시접을 밖으로 접어 자국을 낸다.

5 자국 낸 시접을 안으로 접어 넣는다.

6 오른쪽도 같은 방법으로 처리한다.

7 나머지 포장지를 넙이 늘리고 상 맞의 시접을 같은 방
법으로 처리해 안으로 넣는다.

8 중심 부분에 삐져나오는 시접을 안으로 접어 라인을
정리하고 양면테이프를 모양에 맞게 꺾어 붙인다.

Decoration

1 오건디 리본으로 십자매기를 한다.

2 두 줄 더블 나비 리본을 맨다.

3 가는 새틴 리본을 2줄로 겹쳐 외 리본을 만든다.

4 글루건으로 오건디 리본의 가운데에 붙인다.

Square Wrapping

색지 끼우기 스퀘어 포장

포장지에 상자를 올릴 때 정 방향으로 놓지 않고 약간 사선으로 놓아 완성 후 중심의 위치가 한쪽으로 치우치게 하였다. 이때 접은 면에 색지를 끼우면 더욱 색다른 스퀘어 포장이 된다.

Ingredients

스타드림지, 습지 두 가지 색상, 새틴 리본, 양면테이프

How to

1 포장지를 마름모꼴로 놓고 상자를 올린 후 포장지의 한 쪽 끝이 상자의 옆모서리에 맞도록 자리를 잡는다.

2 스퀘어 포장을 한다.

3 잇면의 시접은 안으로 접어 넣지 않고 그대로 덮어 양면테이프로 붙인다.

Decoration

4 습지 2장을 겹쳐 넣고 장식한다.

5 리본을 한 바퀴 두르고 묶는다.

6 트리플 리본으로 묶는다.

Square Wrapping

타공지 스퀘어 포장

스퀘어 포장을 하면서 옆면의 시접을 접어 넣지 않고 그대로 윗면에 붙이는 기법을 사용하였다. 높이가 낮은 상자에 적합하고 포장하는 시간을 단축하는 장점이 있다. 일본 베이커리에서 많이 사용되는 포장이다.

Ingredients

타공지, 비닐 튜브 리본, 해초 오너먼트, 양면테이프

How to

1 정사각형으로 재단한 포장지를 마름모꼴로 놓고 상자를 올린 후 한쪽 끝을 상자 위로 접어 올린다.

2 높이 쪽 시접을 접어 넣으며 위쪽과 오른쪽 포장지를 접 는다.

3 나머지 포장지를 덮고 양면테이프로 붙인다.

Decoration

4 비닐 튜브 리본으로 상자를 두 바퀴 감싸 묶은 후 해초 오너먼트를 올리고 다시 두 번 감아 묶는다.

Square Wrapping

아이비 스퀘어 포장

깨끗한 흰색 포장지로 스퀘어 포장을 하고 망사로 한 번 더 감싼 후 아이비 넝쿨을
꽂아 시원한 여름 느낌을 살렸다. 스퀘어 포장은 포장 기법 중 포장지가 가장 적게 사용
되며 보자기식 포장이라고도 한다.

Ingredients

칼라 골지, 망사, 레이스 리본, 아이비 (조화), 와이어

How to

1 포장지로 스퀘어 포장을 한다.

2 망사를 정사각형으로 재단하여 상자를 올리고 윗부분을
모아 쥔다.

3 모아 쥔 망사를 와이어로 감아 고정한다.

4 레이스 리본을 두 바퀴 감고 고정했던 와이어를 풀어
빼낸 다음 싱글 나비 리본을 묶는다.

5 망사 윗부분을 예쁘게 정리하고 가운데 아이비를 꽂아
마무리한다.

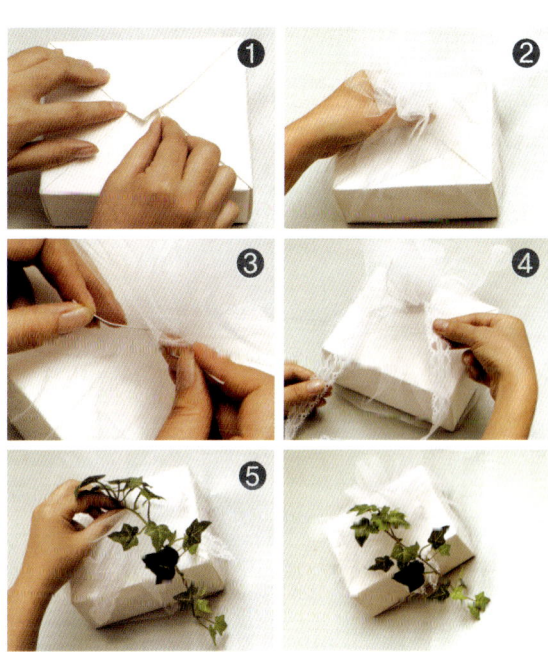

Black Sesame Tuile

Rolling Wrapping

블루 나비 회전 포장

회전 포장은 포장지를 사선으로 놓고 상자를 올려 회전해 나가는 기법으로, 백화점 포장이라고도 한다. 회전하면서 포장지가 겹쳐지므로 포장하는 제품이 손상되지 않도록 보호하는 역할을 하며 포장 시간이 짧아 상업용으로 많이 이용된다. (23페이지 도면 참고)

Ingredients

아트지, 새틴 리본, 태그, 양면테이프, 셀로판테이프

How to

1 포장지를 마름모꼴 모양으로 놓고 상자를 뒤집어 올린 다음 포장지의 한쪽 꼭짓점이 상자의 윗면 왼쪽에 위치 하도록 접어 올린다.

2 스퀘어 포장을 할 때처럼 시접을 접어 넣으며 왼쪽 포장 지를 높이와 수직이 되도록 접고 셀로판테이프로 고정 한다.

3 다시 왼손으로 1의 반대편 포장지를 상자의 높이와 수직이 되도록 접고 오른손으로는 상자를 한 바퀴 돌 린다.

4 오른쪽도 같은 방법으로 접어 올린다.

5 4의 시접을 윗면에서 밖으로 접어 자국을 낸다.

6 자국 낸 선을 따라 시접을 다시 안으로 접어 넣는다.

7 나머지 쪽을 접어 양면테이프로 고정한다.

8 리본을 한번 꼬아 보를 만들고 태그를 붙여 고정한다.

Tip 회전 포장의 시접 부분은 상자의 뒤로 가는 것이 정식이지만 이 포장에서는 시접의 무늬를 앞으로 하여 장식으로 이용하였다. 뒷면을 살리기 위해서 는 포장지에 상자를 놓을 때 뒤집어서 놓고 시작 해야 한다.

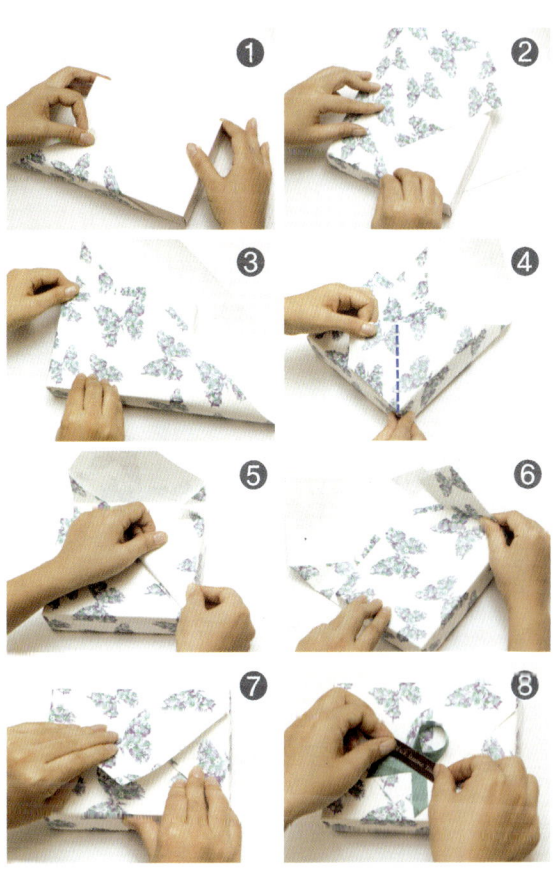

Cool summer

Rolling Wrapping

스트라이프 회전 포장

상자의 윗면이 위로 오도록 포장지에 올린 후 회전 포장을 하였다. 회전 포장은 밖으로 보이는 시접을 모두 안으로 접어 넣어 깔끔하게 마무리하는 것이 특징이다.

Ingredients

아트지, 태그, 양면테이프, 셀로판테이프

How to

1 포상지를 바름모꼴 모양으로 놓고 상자를 바로 올린 다음 포장지의 한쪽 꼭짓점이 상자의 윗면 왼쪽에 위치하도록 접어 올린다.

2 스퀘어 포장을 할 때처럼 시접을 접어 넣으며 왼쪽 포장지를 높이와 수직이 되도록 접는다.

3 셀로판테이프로 고정한다.

4 다시 왼손으로 1의 반대편 포장지를 상자의 높이와 수직이 되도록 접고 오른손으로는 상자를 한 바퀴 돌린다.

5 오른쪽도 같은 방법으로 접어 올린다.

6 나머지 부분을 상자 위로 접는다.

7 6의 시접 한쪽을 밖으로 접어 자국을 낸다.

8 자국 낸 선을 따라 안으로 다시 접는다.

9 6의 다른 쪽 시접도 밖으로 접어 자국을 낸 다음 안으로 다시 접어 정리한다.

10 양면테이프로 고정하고 태그를 붙여 마무리 한다.

Hexagon Wrapping

뉴스페이퍼 육각 포장

기본적인 육각 포장에 영자 신문 포장지를 잘라 띠지를 만들고 스웨이드 끈으로
몇 바퀴 감아 빈티지한 느낌을 살린 포장이다.

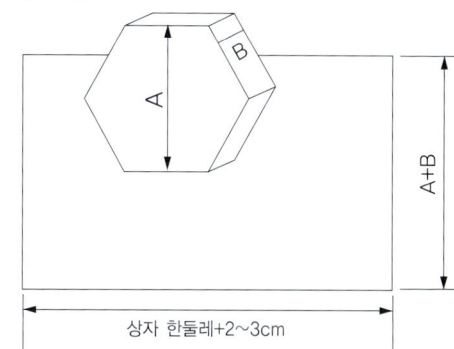

상자 한둘레+2~3cm

Ingredients

코팅 레자크지, 뉴스페이퍼지, 스웨이드 끈,
양면테이프

How to

1 포장지의 끝부분에 시접을 1cm 접어 양면테이프를
  붙인다.

2 상자를 옆으로 놓고 모서리에 시접이 오도록 맞춘 다음
  양면데이프를 떼어 고정한다.

3 상자를 똑바로 놓고 한 면씩 시계 반대 방향으로 중
  심을 향해 접는다.

4 마지막 면은 안으로 접어 넣는다.

5 반대편도 시계 반대 방향으로 접는다.

Decoration

6 뉴스페이퍼지로 띠지를 만들고 접어 물린나.

7 스웨이드 끈으로 상사를 세 바퀴 김아 외 리본으로 묶
  는다.

Tip 끈은 끝을 묶어서 정리하면 깔끔하다.

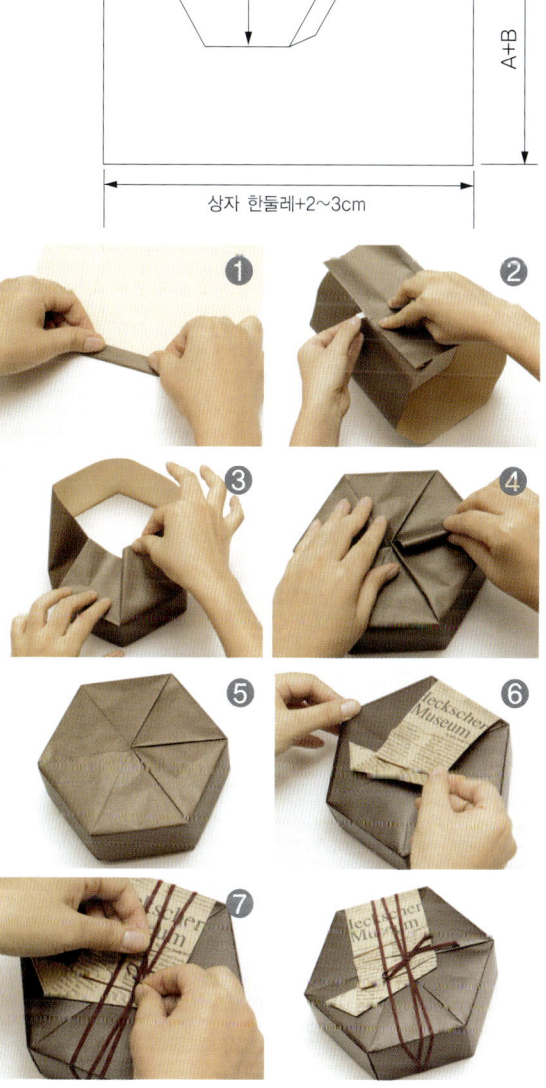

Hexagon Wrapping

리본 장식 육각 포장

작은 육각형 상자에 질감이 살아있는 네트 포장지로 포장을 하고 6면 모두에 리본을 둘렀다. 그리고 싱글 나비 리본을 두 번 묶어 포인트를 주었다.

Ingredients

네트 포장지, 니트 리본, 코드 리본, 양면테이프

How to

1 육각포장을 한다.

2 세로로 니트 리본을 한 바퀴 두르고 밑면에서 양면테이프로 붙인다.

3 코드 리본을 니트 리본 아래로 넣어 코드 리본을 두른 옆면을 지니도록 두른다.

4 코드 리본으로 니트 리본을 감싸며 한 번 묶은 다음 싱글 나비 리본을 묶는다.

5 코드 리본을 한 줄 더 준비하여 상자의 남은 면을 지나도록 두르고 매듭 전체를 감싸며 묶은 다음 싱글 나비 리본으로 마무리 한다.

Hexagon Wrapping

한지 육각 포장

한지는 구김이 잘 가지 않기 때문에 복잡한 육각 포장에 적합한 소재이다. 육각 포장 윗면에 만들어지는 시접 무늬도 전통적인 한지의 느낌과 잘 어울린다.

Ingredients

한지, 닥 소재 부직포, 지끈, 말린 열매, 집게, 글루건, 양면테이프, 태그

How to

1 한지로 육각 포장을 하고 시접 중심에 한지를 육각형으로 오려 붙인다.

2 닥 소재 부직포로 띠지를 만들어 두르고 양면테이프로 붙인다.

3 굵은 지끈으로 상자를 한 바퀴 두르고 묶는다.

4 나부로 된 십게에 글루건으로 열매를 붙여 코사지를 만든다.

5 지끈 가운데에 집게를 꽂아 마무리한다.

6 태그를 만들어 붙인다.

Tip 한지는 두께가 얇아서 각이 있는 상자를 포장 할 때는 모서리가 찢어지기 쉽다. 두툼한 한지가 아니라면 두 겹으로 사용한다.

Traditional Wrapping

기본 저고리 앞섶 포장

저고리 앞섶 포장은 양 옆의 시접 길이를 길게 하여 두 겹으로 날개를 만들고 상자 위로 접어 올려 장식하는 기법이다. 접힌 부분의 느낌을 잘 살릴 수 있도록 도톰한 포장지를 이용하는 것이 좋다. (뒷 페이지 도면 참고)

Ingredients

비닐 코팅지, 모이레 리본, 말린 열매, 라피아 두 가지 색상, 양면테이프, 글루건

How to

1 포장지의 가로 중앙에 상자를 올리고 높이 시접을 제외한 아랫부분이 상자의 ⅓을 덮도록 접어 올린다.

2 왼쪽 면의 밑부분을 아래로 접어 넣어 상자에 밀착하고 오른쪽도 같은 방법으로 접어 양쪽에 날개를 만든다.

3 왼쪽 윗날개를 상자위로 접어 올린다.

4 오른쪽 날개를 왼쪽 날개 위로 접어 올린다.

5 같은 방법으로 왼쪽, 그 다음 오른쪽을 접어 올려 교차되도록 한다.

6 시접선이 중앙에 모아지도록 마지막 날개 시접을 밖으로 접어 자국을 낸 후 다시 안으로 접어 양면테이프로 붙인다. 상자 높이 부분은 캐러멜 포장으로 마무리한다.

Decoration

7 리본을 한 바퀴 두르고 묶는다.

8 싱글 나비 리본을 묶은 후 오른쪽 다리를 위로 올린다.

9 라피아를 두 겹으로 겹쳐 외 리본을 만들고 리본 가운데에 글루건으로 붙인다.

10 가운데에 말린 열매를 붙여 마무리한다.

Tip 리본 다리를 자를 때는 사선으로 잘라야 한다.

The time to be
happy is now...
the place to be
happy is here...
gone

Traditional Wrapping

응용 저고리 앞섶 포장

양쪽에 두 겹의 날개를 만든 후 한 쪽 날개를 연속해 2번 접어 올리고 반대편 날개도
같은 방법으로 접어 포장하였다. 접힌 부분이 마치 저고리 앞섶의 여밈처럼 단아하다.

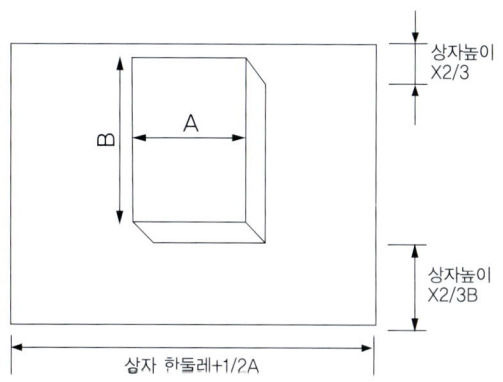

Ingredients

크래프트지, 와이어 리본, 골지 리본, 태그, 양면테이프

How to

1 포장지에 상자를 가로 ⅔ 지점에 놓고 높이 시접을 제외
  한 아랫부분이 상자의 ⅔를 덮도록 접어 올린다.

2 오른쪽 날개 2장을 저고리 앞섶 포장으로 올리고 왼쪽 날
  개 2장을 같은 방법으로 접어 올린다.

3 시접을 상자 윗면 모서리에 맞게 안으로 접어 넣고 높
  이 부분은 캐러멜 포장으로 마무리한다.

Decoration

4 와이어 리본으로 상자를 한 바퀴 누르고 묶는다.

5 한 번 더 묶은 후 얇은 골지 리본으로 매듭을 감아 한 번
  묶는다.

Traditional Wrapping

한쪽 저고리 앞섶 포장

상자 한쪽의 시접을 길게 하여 날개를 만들고 상자 위로 덮어 장식하였다. 양쪽의
날개를 길게 하는 저고리 앞섶 포장을 변형하여 한쪽에만 날개를 만든 것이 특징이다.

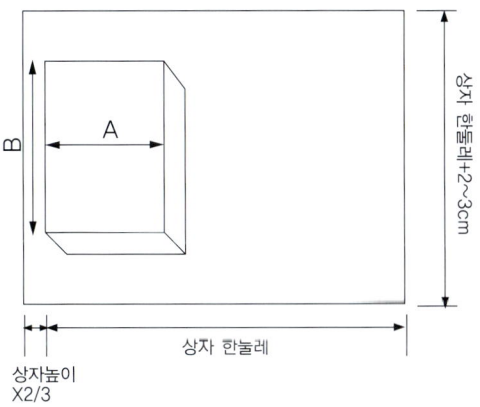

Ingredients

주름지, 벨벳 리본, 꽃다발 장식, 양면테이프

How to

1 포장지 왼쪽에 시접 부분을 남기고 상자를 올린 다음 아
  랫 부분이 상자의 ½을 덮도록 접어 올린다.

2 왼쪽은 캐러멜 포장으로 마무리하고 오른쪽도 캐러멜
  포장과 같이 양쪽 시접을 안으로 접어 삼각 날개를 만든다.

3 삼각형으로 접은 2의 날개 2장을 상자에 밀착시켜 접어
  내리고 양면테이프로 고정한다.

Decoration

4 사선으로 리본을 두르고 한 번 묶은 다음 리본 가운데
  꽃다발 장식을 올리고 외 리본으로 마무리한다.

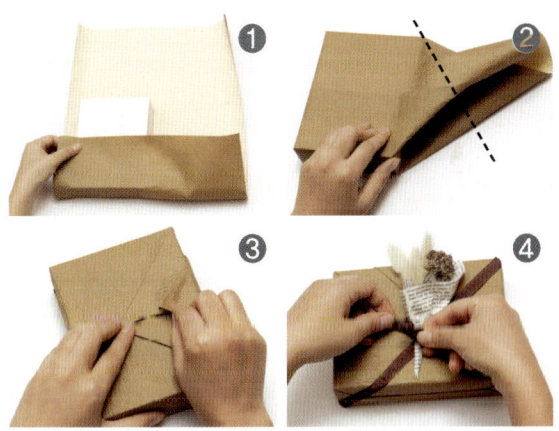

저고리 앞섶 장식 포장

캐러멜 포장을 한 상자에 금색 포장지로 저고리 앞섶 모양의 띠지를 만들어 붙였다.
손쉬운 방법으로 저고리 앞섶 포장의 느낌을 살린 포장이다.

Ingredients

크래프트지, 미라클지, 벨벳 리본, 말린 열매,
두꺼운 도화지, 양면테이프, 글루건

How to

1 페이즐리 무늬의 포장지로 캐러멜 포장을 한다.

2 상자를 한 바퀴 두르고 윗면이 한 번 더 덮이도록 금색
  미라클지를 재단한다.

3 미라클지의 양끝을 삼각형 모양으로 접고 겹쳐서 양
  면테이프로 붙인다.

Decoration

4 두꺼운 도화지를 타원형으로 자르고 리본을 꿸 구멍
  을 뚫는다.

5 글루건을 이용해 말린 열매를 붙여 코사지를 만든다.

6 벨벳 리본으로 상자를 두 바퀴 감고 한 번 묶는다.

7 리본으로 코사지를 꿴다.

8 리본을 당겨 코사지를 상자에 밀착시키고 싱글 나비
  리본을 묶는다

Circle Wrapping

기본 원형 포장

원형 포장을 할 때는 포장지 재단을 잘 해야 주름들이 윗면에서 보기 좋게 맞물릴 수 있다. 메탈지에 검은 색 리본이 세련된 느낌을 준다.

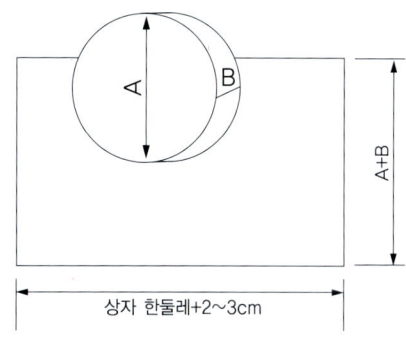

Ingredients

메탈지, 비닐 리본, 은색 열매 오너먼트, 글루건, 양면테이프

How to

1 포장지 끝부분에 시접을 1cm 접고 양면테이프를 붙인 후 상자를 옆으로 놓고 포장지로 감싸 양면테이프를 떼면서 고정한다.

2 상자를 바로 세우고 중심을 향해 포장지를 안으로 접어가며 원형으로 자국을 낸다.

3 조금씩 주름을 삽으며 섭어 나간다. 맨 미지막 두듬씨지 잡고 맨 끝 주름은 첫 번째 주름 밑으로 끼워 넣는다.

4 반대편도 같은 방법으로 접는다.

Decoration

5 비닐 리본으로 십자매기를 한 후 리본을 2가닥 더 끼워 묶고 가위 등으로 컬을 만든다.

6 글루건으로 은색 열매 오너먼트를 붙인다.

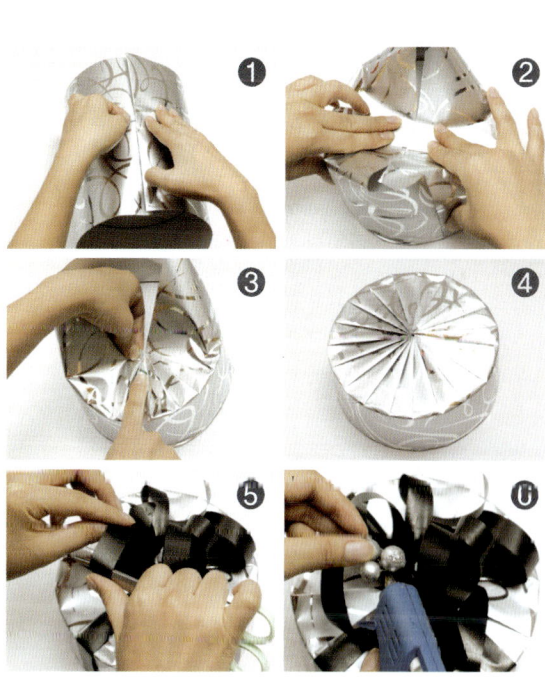

Circle Wrapping

응용 원형 포장

기본 원형 포장보다 주름을 크게 잡아 윗부분을 바람개비 모양으로 만들고 가운데에
진주 구슬 장식을 달아 포인트를 주었다.

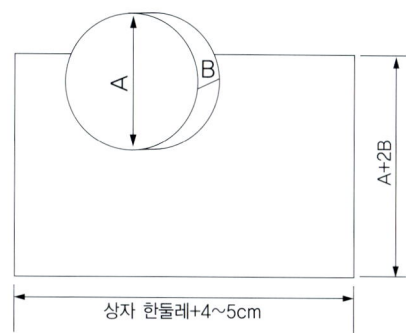

상자 한둘레+4~5cm

Ingredients

메탈지, 벨벳 리본 두 가지 색상, 구슬 오너먼트,
글루건, 양면테이프

How to

1 포장지에 시접을 1cm 접고 양면테이프를 붙인다.

2 상자를 옆으로 올리고 둥글게 말아 남는 시접을 접어준
   다. 원통의 높이에 맞춰서 포장지를 눌러 표시한다.

3 2의 포장지를 펼쳐서 시접을 제외하고 반으로 접은 다
   음 다시 반으로, 또 다시 반으로 접는다. 가로 길이가
   8등분이 된다.

4 8등분 된 한 사각형의 왼쪽 위 모서리에서 아랫변의
   중앙까지 시선으로 시와 칼 등을 이용하여 표시를 한다.

5 반대편 사각형에도 대칭이 되도록 길 등으로 사선을 긋
   는다.

6 자국을 따라 주름을 잡아 접어 넣는다.

Decoration

7 벨벳 리본 2가닥을 겹쳐 상자 옆면을 한 바퀴 투르고
   묶은 후 외 리본으로 묶는다.

8 바람개비의 가운데에 글루건으로 구슬 오너먼트를 단다.

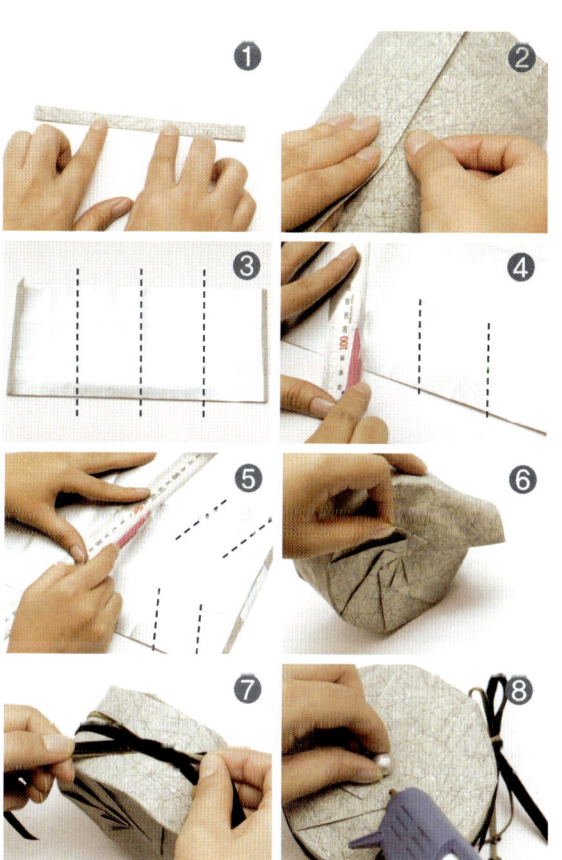

Circle Wrapping

플라워 원형 포장

부직포로 원통 상자를 포장하면 주름이 가지 않아 종이 포장지를 사용할 때 보다
손쉽게 포장할 수 있다. 옆면에 균일한 간격으로 주름을 잡아주는 것이 중요하다.

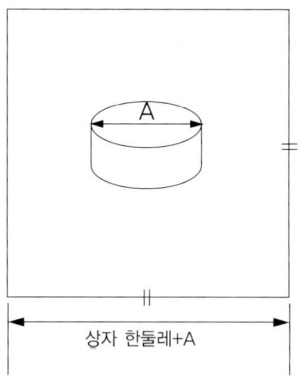

상자 한둘레+A

Ingredients

부직포, 가는 새틴 리본 네 가지 색상,
메탈 컬 리본, 와이어

How to

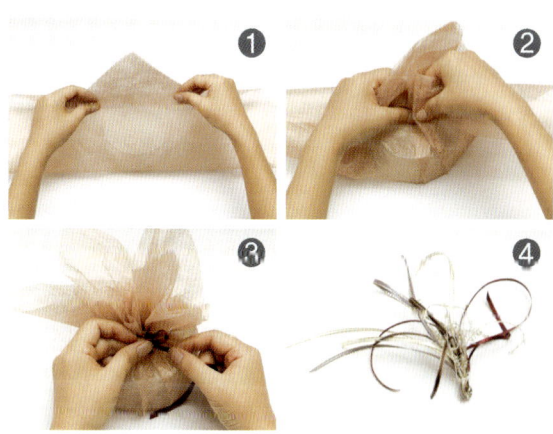

1 정사각형으로 새단힌 부직포를 마름모씨로 놓고 신자를
   올린다.

2 옆면에 주름을 잡으며 네 모서리를 잡아 올린다.

3 와이어로 고정한 후 가는 새틴 리본을 한 바퀴 둘러
   싱글 나비 리본을 묶고 와이어를 쑬어 낸나.

4 가는 새틴 리본을 몇 가닥씩 겹치고 메탈 컬 리본으
   로 밑부분을 고정하여 장식을 만든 후 꽂는다.

Circle Wrapping

쉘 주름 원형 포장

원통 밑면과 윗면 절반에 주름을 잡는 이 포장법은 지름이 작거나 무거운 물건을 포장
할 때 이용하면 편리하다. 특히 병 포장 밑면에 많이 사용된다.

Ingredients

뉴 메탈지, 네트 무늬 트레팔지, 가는 새틴 리본,
나뭇가지 오너먼트, 셀로판테이프, 양면테이프

How To

1 정사각형으로 재단한 뉴 메탈지를 마름모꼴로 놓고 원통
을 눕혀서 올린다.

2 원통을 한 바퀴 감은 후 남은 부분은 그대로 놓고 밑면
에 한 점을 잡아 주름을 잡기 시작한다. 원통의 왼쪽에
먼저 주름을 잡고 오른쪽을 잡는다.

3 주름을 잡은 부분이 원의 반지름을 넘지 않도록 하고
나머지 부분을 원통의 옆면으로 올린다.

4 반대편도 같은 방법으로 쉘 주름을 잡은 후 옆면에서
모으고 셀로판테이프를 붙인다.

5 시접을 안으로 잡아넣으며 원통을 굴려 상자를 덮는다.

6 양쪽의 시접을 밖으로 접어 자국을 낸 후 안으로 접어
넣는다.

7 모서리에 양면테이프를 꺾어붙이기 하여 고정한다.

Decoration

8 네트 무늬 트레팔지로 띠지를 만들어 붙인다.

9 가는 새틴 리본으로 세 바퀴 감아 묶는다.

10 나뭇가지 오너먼트를 끼워 넣고 외 리본으로 묶어 마무
리한다.

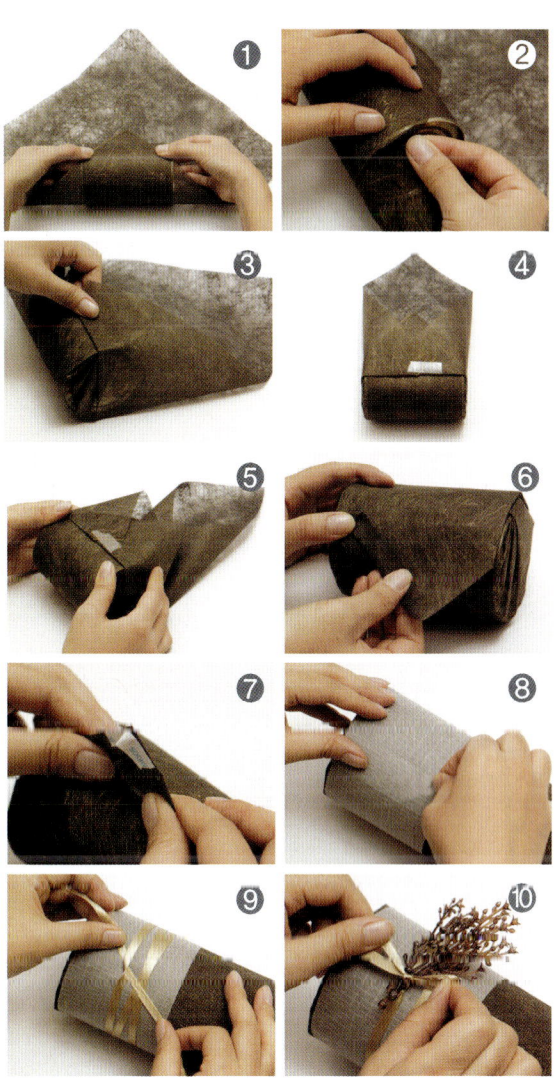

고깔 장식 삼각 포장

삼각형 상자에 포장을 할 때는 시접을 상자 모서리에 밀착시켜 틈이 없도록 손마름질을 잘 해주어야 한다. 그래야 시접의 꼭짓점들이 한 가운데에서 모두 만나 깔끔하게 마무리 할 수 있다.

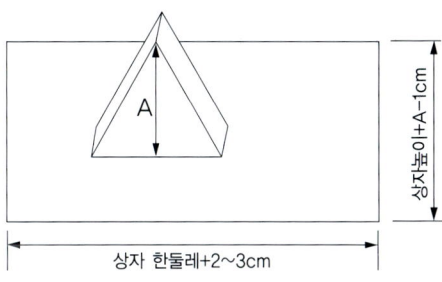

상자높이+A-1cm

A

상자 한둘레+2~3cm

Ingredients

크래프트지, 네트 포장지, 셔닐 리본, 태그, 양면테이프

How to

1 크래프트지를 재단하고 끝부분에 1cm 시접을 접고 양면테이프를 붙인다.

2 상자를 옆으로 세우고 모서리에 포장지 시접이 오도록 맞춘 다음 양면테이프를 떼어 고정한다.

3 삼각형의 한 면을 위로 올려 접는다.

4 왼쪽 면을 덮은 다음 시접을 밖으로 접어 자국을 낸다.

5 시접을 안으로 접고 오른쪽 면도 같은 방법으로 처리한다.

6 마지막 시접도 안으로 접어 넣고 양면테이프로 꺾어 붙이기한다.

Decoration

7 네트 포장지로 띠지를 만들어 뒷면에 양면테이프로 고정하고 상자 윗면에서 살짝 휘어지도록 하여 양면테이프로 붙인다.

8 셔닐 리본으로 보우를 만들고 태그를 붙여 마무리한다.

Triangle Wrapping

털실 장식 삼각 포장

금박 포장를 손으로 찢어 띠지를 만들어 붙이고
털실의 느낌이 나는 리본으로 8자 보우를 만들어
태그로 고정하였다. 소재의 질감과 사용법이
조화를 이루어 겨울 느낌을 잘 살려준다.

Ingredients

엠보싱지, 금박 포장지, 털실 리본, 태그, 양면테이프

How to

1 엠보싱지로 삼각 포장을 한다.

2 금박 포장지를 손으로 찢어 띠지를 만들고 상자 한 면에
　둘러 양면테이프로 붙인다.

3 털실 리본으로 8자보우를 만들어 얹는다.

4 태그를 붙여 마무리한다.

리본 고리 삼각 포장

상자에 리본을 두르고 매는 평범한 방법 대신 짧게 잘라 고리를 만들어 장식하였다. 가늘고 반짝 거리는 엔젤 헤어는 천사털이라고도 부르는데, 충전재나 장식용으로 많이 사용된다.

Triangle Wrapping

Ingredients

스타드림지, 새틴 리본 네 가지 색상, 엔젤 헤어, 양면테이프

How to

1 삼각 포장을 한다.

2 여러 가지 굵기와 색의 새틴 리본을 짧게 잘라 양면테이 프로 안과 안을 마주 붙여서 고리를 만든다.

3 고리의 뒷면에 양면테이프를 붙이고 삼각 포장의 시접 안에 끼운다.

4 엔젤 헤어를 리본 밑에 끼워 마무리한다.

Wrapping for

Bakery

＊실용 포장 기법

Candy Wrapping

캔디선물상자

파스텔 톤 캔디와 젤리를 상자에 담은 후 새틴 리본과 컬 리본으로 로맨틱하게 마무리했다. 컬은 가위의 등으로 리본을 누르며 여러 번 잡아당겨 만든다.

Ingredients

상자, 새틴 리본, 컬 리본 세 가지 색상

How to

1 새틴 리본으로 상자를 한 바퀴 두른 다음 싱글 나비 리본으로 묶는다.

2 컬 리본을 각기 다른 색으로 3가닥 준비한다.

3 세 가닥을 한 면에 집아 칼날의 끝에 걸어 새틴 리본 안에 끼운다.

4 컬 리본끼리 매듭을 묶는다.

5 가위 등으로 누르며 잡아당겨 리본에 컬을 준다.

6 작게 포장한 캔디들을 순비하어 성지에 넣는다.

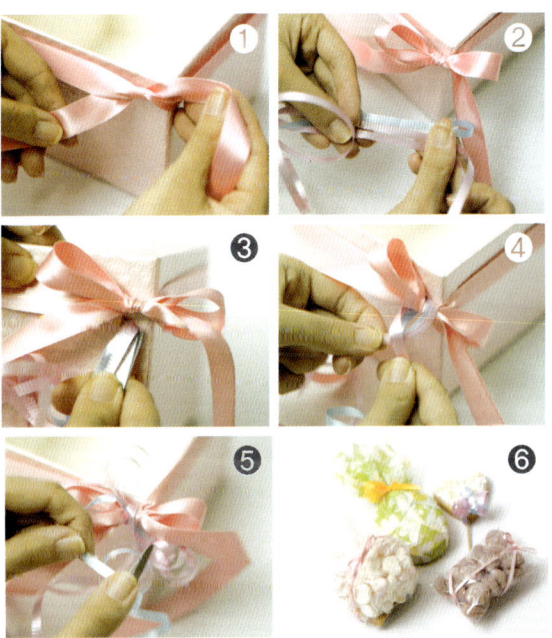

Candy Wrapping

 *Candy*

투명 젤리 포장

투명한 비닐 튜브를 이용해 심플함과 시원함을 더한 캔디 포장. 생활 속의 사소한
재료들이 멋진 포장재로 다시 태어났다.

Ingredients

플라스틱 컵, 비닐 봉투, 셀로판지, 비닐 튜브 리본

How to

1 젤리를 담은 컵을 비닐 봉투에 넣어 비닐 끝을 한 쪽으
  로 치우치도록 모아 잡는다.

2 셀로판지를 대고 비닐 튜브 리본으로 한 바퀴 둘러 묶는다.

3 비닐 튜브로 컵을 세로로 한 바퀴 두른다.

4 비닐 튜브를 묶은 윗부분의 뒤로 돌려 다시 한 바퀴
  감는다.

5 매듭을 묶고 외 리본으로 마무리한다.

6 무약을 정돈한다.

Tip 캔디나 젤리는 색이 아름다워 투명한 소재를 사용
하면 포장을 더욱 돋보이게 할 수 있다.

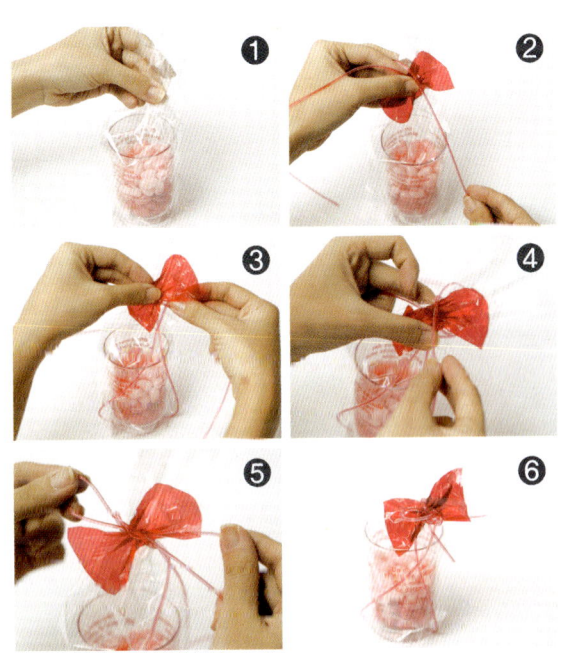

파스텔 컵 젤리 포장

길게 자른 컬러 유산지를 플라스틱 컵 안에 구부려 넣고 라피아를 몇 번 감으면 눈 깜짝할
사이에 멋진 젤리 포장이 완성된다. 아이들 생일 파티에 응용하기 좋은 포장법이다.

Candy Wrapping

Candy

삼각 젤리 포장

알록달록한 젤리가 들어있는 삼각 뿔 모양의 포장이 보는 이의 마음까지 밝게 만든다. 체크 와이어 리본을 구부려 발랄한 모양을 살리는게 포인트.

Candy Wrapping

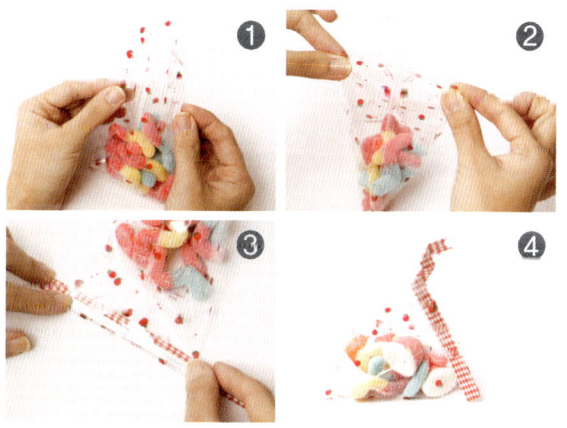

Ingredients

작은 비닐 봉투, 체크 무늬 와이어 종이 리본, 양면테이프

How to

1 사각형 비닐 봉투에 젤리를 넣는다.

2 봉투 끝을 밑변과 + 모양이 되도록 잡는다.

3 비닐 봉투 끝에 와이어 종이 리본을 대고 한 번 접은 후 양면테이프로 고정한다

4 윗면을 옆으로 돌려 세우고 와이어 종이 리본을 구부려 모양을 잡는다.

Candy Wrapping

양철 컵 캔디 포장

양철 컵에 컬러 유산지를 말아 넣고 네임 태그를 달아 귀여움을 더했다.

Ingredients

양철 컵, 컬러 유산지, 태그, 펀치, 양면테이프

How to

1 유산지를 식사각형으로 재난하이 모시기에 펀치로 구멍을 뚫는다.

2 유산지를 말아서 고깔 모양으로 만들고 끝부분을 양면 테이프로 고정한다.

3 고깔 모양 유산지를 컵 안에 끼운다.

4 태그를 단 줄의 한 쪽 끝늘 유산시 구멍에 꿰어 묶고 갠디를 넣는다.

Candy Wrapping

메탈 타공 리본 포장

메탈 타공지로 리본을 만들고 컬러 와이어에 태그를 달아 색다르면서도 화려한 느낌의 포장을 완성했다.

Ingredients

플라스틱 상자, 유산지, 메탈 타공지를 잘라 만든 리본, 컬러 와이어, 태그, 양면테이프

How to

1 캔디를 넣은 플라스틱 상자 끝에 양면테이프로 컬러 유산지를 붙인다.

2 유산지를 모아 잡고 와이어로 두 바퀴 감아 고정한다.

3 타공 리본을 외 리본 모양으로 잡아 와이어에 꿴다.

4 와이어 끝을 돌려 감아 마무리한다.

5 컬러 와이어에 태그를 붙여 유산지 가운데에 꽂는다.

Candy Wrapping

프루츠 캔디 포장

재질이 다른 두 가지 색상 리본을 매치시켜 볼륨 있는 트리플 리본을 매어 주면 평범한 캔디 통도 근사한 선물 포장이 된다. 리본 끝에 붙인 스티커 가 매력적이다.

Ingredients

캔디 통, 와이어 리본, 스웨이드 끈, 무당벌레 스티커

How to

1 와이어 리본으로 캔디 통을 한 바퀴 두르고 묶는다.

2 매듭이 모서리에 가도록 하여 스웨이드 끈을 가운데 놓고 와이어 리본으로 트리플 리본을 묶는다.

3 스웨이드 끈으로 나비 리본을 묶는다.

4 리본 끝에 스티커를 붙여 포인트를 준다.

Cookie & Cookie Set

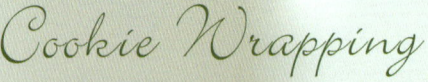

Cookie Wrapping

Cookie

마 리본 튀일 포장

투명한 원통형 상자에 담긴 튀일의 거친 느낌이 내추럴한 마 리본과 잘 어울린다.
태그나 스티커를 리본 중간에 붙여 마무리하면 더욱 세련된 느낌을 연출할 수 있다.

Ingredients

플라스틱 케이스, 마 리본, 새틴 리본 두 가지 색상,
태그 또는 스티커

How to

1 마 리본으로 쿠키 상자를 세로로 누르고 새틴 리본 2개
　를 겹쳐 마 리본을 감는다

2 두 겹의 리본으로 매듭을 한 번 묶고, 한 번 더 묶는다.

3 리본 끝을 사선으로 자른다.

4 태그나 스티커를 붙여 포인트를 준다.

응용 포장

Cookie Wrapping

쿠키 클립 포장

사무용품으로 많이 쓰이는 클립을 이용한 포장법이다. 라피아를 한 바퀴 두르고 묶은 후 묶은 지점에 클립을 끼워주면 간단하면서도 센스있는 포장이 된다.

Ingredients

비닐 봉투, 크래프트지, 양면테이프, 라피아, 컬러 날 클립

How to

1 비닐 봉투의 끝을 두 번 접어 풀리지 않도록 양면테이프 로 고정한다.

2 사각형으로 자른 크래프트지를 양면테이프로 붙인다.

3 라피아를 두 겹으로 겹쳐 세로로 감아 한 번 묶은 다음 끝을 사선으로 자른다.

4 라피아의 매듭 가운데에 컬러 클립을 끼워 마무리 한다.

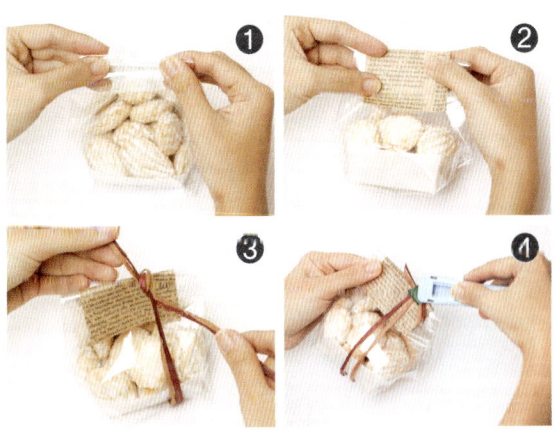

Cookie Wrapping

열매 장식 포장

평범한 사각형의 플라스틱 쿠키 상자. 유산지와 마지를 덧대어 붙이고 리본을 맨 후 열매 모양의 오너먼트를 붙여 장식하면 선물용으로 손색없는 쿠키 포장이 된다.

Ingredients

플라스틱 케이스, 유산지, 마지, 양면 새틴 리본, 양면테이프, 열매 오너먼트, 글루건

How to

1 유산지로 상사늘 한 바퀴 무르고 싱자 밑면에시 상면 테이프를 붙여 고정한다.

2 유산지 위에 흰 마지를 붙인다.

3 마지 위에 리본을 한 바퀴 두르고 트리플 리본으로 묶는다.

4 리본 가운데에 글루건으로 열매 오너먼트를 붙인다.

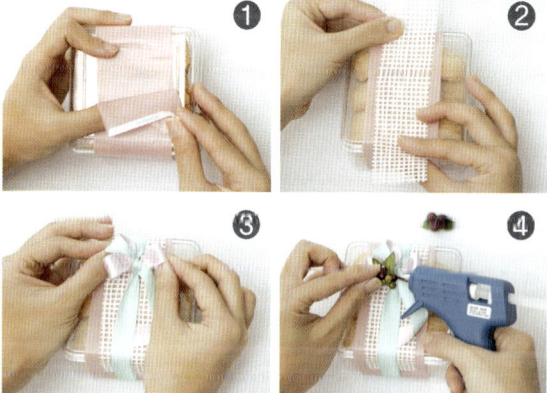

Cookie Wrapping

Cookie

내추럴 쿠키 세트

커다란 쿠키를 한 개 한 개 정성스럽게 포장하여 긴 상자에 나란히 담았다. 거칠고 투박한 지끈이 쿠키와 잘 어울릴 뿐 아니라 식욕까지 돋우어 준다.

응용 포장

Ingredients

상자, 비닐 몽투, 네트 무늬 트레팔지, 베네로우프지, 마 리본, 지끈, 양면테이프, 태그

How to

1 비닐의 끝부분을 접어 양면테이프로 고정하고 네트 무늬 트레필지도 민든 띠지를 세로로 둘리 양면테이프로 붙인다.

2 지끈을 비닐 끝 부분에 끼워 외 리본으로 묶고 태그를 붙인나.

3 상자에 네트 부늬 트레팔시와 베네로우프지를 겹처 사선 방향으로 띠지를 두르고 상자 안쪽에 양면테이프로 붙인다.

4 마 리본으로 상자에 테두리를 두르고 외 리본으로 마무리한다.

Cookie Wrapping

Cookie

플라워 쿠키 박스

꽃무늬 상자에 컬러 유산지와 라피아를 이용해 아름다움을 더했다.
따뜻한 정감이 묻어나는 쿠키 선물세트.

Ingredients

상자, 컬러 유산지, 그라데이션 라피아, 셀로판테이프

How to

1 상자 뚜껑을 컬러 유산지로 ⅔ 정도만 포장 한다. 세로
   길이 모서리는 스퀘어 포장을 할 때처럼 접는다.

2 라피아 4가닥을 상자 뚜껑 안쪽에 셀로판테이프로 붙인다.

3 바깥쪽 3가닥으로 머리를 땋듯이 꼬아 모양을 만든 후
   4가닥의 끝을 뚜껑 안쪽에 셀로판테이프로 붙인다.

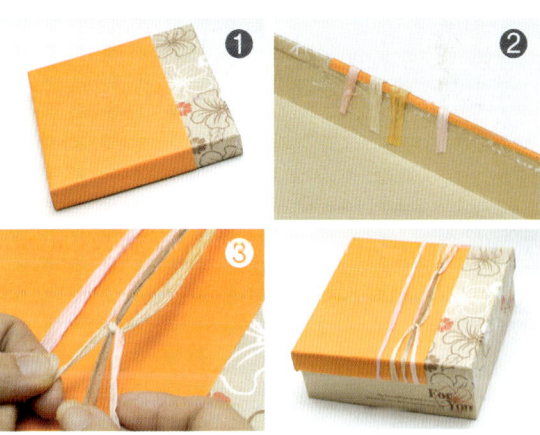

Cookie Wrapping

근하신년 쿠키 세트

유산지로 쿠키 아랫부분만 포장하여 컵 대신으로 사용하였다. 컬러 유산지는 유분을
흡수하지 않기 때문에 쿠키 등 베이커리 제품을 포장하는 데 유용하게 쓰일 뿐 아니라
색상도 다양해 원하는 느낌을 쉽게 연출할 수 있다.

Ingredients

컬러 유산지, 양면테이프, 라피아, 태그

How to

1 길게 재단한 유산지로 쿠키의 반 높이를 둘러 양면테이
  프로 고정한다.

2 쿠키를 싼 아랫면을 캐러멜 포장으로 마무리한다.

3 구키의 옆면에서 라피아로 십자매기를 하다.

4 매듭을 짓지 않고 옆면을 한 바퀴 더 둘러 외 리본을
  묶는다.

5 네트 리본과 힌지로 만든 태그를 붙인다.

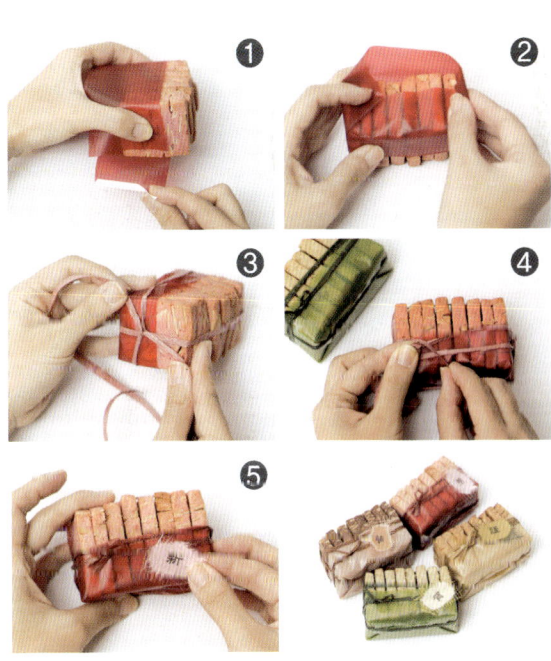

리본 장식 쿠키 바구니

잘 어울리는 냅킨과 리본을 매치하는 것만으로 쿠키 바구니의 상품 가치를 한층 높일 수 있다.
바구니 밖으로 냅킨이 잘 보이도록 모양을 잡아 둥글게 접어주는 것이 포인트.
사각형 플라스틱 케이스에 담긴 쿠키들을 밑바닥에 깔고 그 위에 비닐 포장한 쿠키를 담으면 모양을 잡기가 쉽다.

Cookie Wrapping

Roll Cake

Pound Cake

Tarte

Roll Cake Wrapping

Roll Cake

마블링 롤 케이크 포장

금색 반원형 상자와 마블링 띠지가 어우러져 고급스러운 품격이 느껴진다.
어른들께 드릴 선물로 제격일 듯.

Ingredients

반원형 상사, 크래프트지, 두께가 다른 가는 새틴
리본 두 가지 색상, 양면테이프

How to

1 반원형 상자에 마블링 무늬가 있는 크래프트지를 직사
   각형으로 잘라 두르고 뒷면에서 양면테이프로 고정한다.

2 두께가 다른 두 종류의 가는 새틴 리본을 상자에 가로로
   각각 두르고 외 리본으로 묶는다.

Pound Cake Wrapping

미니 파운드케이크 세트

상자 안쪽과 바깥쪽을 통일감 있게 장식해 운치를 살렸다. 칸막이 장식은 제품을
움직이지 않게 해줄 뿐 아니라 보는 이의 눈까지 즐겁게 한다.

Ingredients

상자, 주자 리본 네 가지 색상, 포장지, 열매 오너먼
트, 글루건, 양면테이프, 태그

How to

1 같은 길이의 리본 3줄을 준비해 2줄은 나란히 1줄은 교
차시켜 칸막이에 붙인다. 리본이 교차되는 지점에 태그
를 붙인나.

2 칸막이를 상자에 넣고 파운느케이크를 딤는다.

3 양면테이프로 띠지를 붙인 뚜껑에 리본을 한 바퀴 두
르고 끝부분은 양면테이프로 안쪽에 붙인다.

4 다른 리본을 끼워 한 번 묶은 후 트리플 리본으로 묶
는다.

5 리본 가운데에 글루건으로 열매 오너먼트를 붙여서 마무
리한다.

Choux Cream Wrapping

투명 슈크림 포장

슈크림은 유분이 많고 안에 들어있는 크림이 새어나올 수 있으므로 유산
지나 비닐 같은 재료를 사용해 포장하는 것이 좋다. 내용물이 들여다
보이는 자연스러운 포장법이 슈크림과 잘 어울린다.

Tarte

미니 타르트 세트

노란색 호박 타르트와 호두를 가득 올린 타르트는 내추럴한 소재와 잘 어울린다. 비닐 봉투에 넣은 후 리본과 노끈으로 장식하여 아기자기한 인테리어 소품 같은 포장을 완성하였다.

Tarte Wrapping

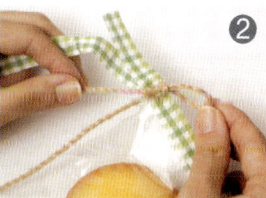

Ingredients

비닐 봉투, 체크 코튼 리본, 새틴 리본, 가는 새틴 리본, 노끈, 양면테이프

How to (호박 타르트)

1 비닐 봉투에 체크 코튼 리본을 놓고 한번 접은 후 양면테이프로 붙인디. 남은 오른쪽 리본을 다시 비닐 위로 덮으며 왼쪽으로 접는다.

2 리본 끝을 모아 노끈으로 묶어 외 리본으로 마무리한다.

How to (호두 타르드)

3 비닐로 싼 타르트에 노끈을 두 번 감아 묶는다.

4 새틴 리본과 가는 새틴 리본을 겹쳐 노끈 아래로 넣고 한꺼번에 묶어 매듭을 만든다.

Pound Cake Wrapping

홈메이드 파운드케이크 바구니

홈메이드 파운드케이크를 선물할 때 응용하기 좋은 포장법이다. 바구니에 파운드 케이크를 담고 마 소재나 종이 소재의 재료들을 이용해 포장하면 풍성한 느낌을 더욱 살릴 수 있다.

Ingredients

바구니, 컬러 유산지, 마지, 마 리본, 베네로우프지, 장식용 카드

How to

1 파운드케이크에 마지를 두르고 가늘게 자른 유산지로 띠지를 만들어 붙이다.

2 바구니 안에 유산지를 깔고 마 리본을 오른쪽 세로로 한 바퀴 둘러 위 리본으로 묶는다.

3 넓은 베네로우프지로 바구니를 한 바퀴 둘러 외 리본을 묶는다.

4 카드를 꽂아 메시지를 전한다.

Roll Cake Wrapping

Roll Cake

냅킨 장식 롤 케이크

청포도 무늬 냅킨과 라피아를 이용해 담백한 연두색 상자에 표정을 불어넣었다.
화사한 포장의 롤 케이크 선물 세트는 받는 이의 마음을 더욱 기쁘게 할 것이다.

Ingredients

상자, 냅킨, 넓은 라피아, 양면테이프

How to

1 삼각형으로 자른 냅킨을 상자 뚜껑의 한쪽에 마름모꼴
　로 대고 안쪽으로 밀착시켜 양면테이프로 붙인다.

2 라피아를 뚜껑이 세로로 두르고 양 끝을 뚜껑 안쪽에 붙
　여 고정한다.

3 상자에 고정시킨 라피아에 다른 라피아를 끼워 외 리본
　을 묶는다.

4 라피아의 다리에 기워 등을 이용하여 컬을 준다

5 컬을 만는 라피아를 걸을 띠리 3~4 가닥으로 찢는다

Tarte Wrapping

도트 리본 타르트 포장

블루베리로 만든 타르트는 색과 향이 진하다. 반짝이는 비닐 부직포로 주름을 만들고
패턴이 화려한 리본을 둘러 화려함을 더했다.

Ingredients

투명 케이스, 비닐 부직포, 패턴 골지 리본, 태그,
양면테이프

How to

1 상자의 둘레 보다 길게 식사각형으로 자른 부직포를
　케이스에 두르고 양면테이프로 끝부분을 붙인다.

2 여유분으로 주름을 만들어 양면테이프로 고정한다.

3 패턴 골지 리본을 한 바퀴 두르고 외 리본으로 묶는다.

4 태그를 끼운다

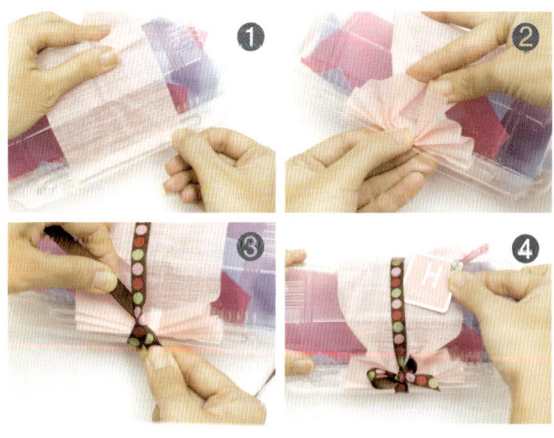

Tarte Wrapping

투명 타르트 포장

투명 플라스틱 케이스에 리본을 묶는 간단한 포장법이지만, 소재나 색상이 제품과 얼마나 잘 어울리느냐가 중요하다. 타르트처럼 높이가 낮은 제품을 포장할 때는 상자의 높이도 낮은 것으로 준비한다.

Ingredients

투명 사각 상자, 체크 코튼 리본, 유산지

How to

1 유산지를 깐 투명 사각 상자에 타르트를 넣고 체크 코튼 리본을 한 바퀴 감아 묶는다.
2 트리플 리본으로 묶고 다리를 사선으로 자른다.

Sandwich

Sandwich Wrapping

*Sandwich

피크닉 샌드위치 포장

피크닉을 위한 샌드위치를 준비한다면 바구니 모양의 투명한 플라스틱 케이스를
이용해 보자. 손잡이가 달려 있는데다 안이 들여다보여 내용물을 확인할 수 있기
때문에 더욱 사용이 편리하다.

Ingredients

플라스틱 케이스, 유산지 컵, 스타핑, 체크 코튼
리본, 비닐, 셀로판테이프

How to

1 플라스틱 케이스 안에 스타핑을 낀다.

2 손잡이에 체크 고튼 리본을 외 리본으로 묶는다.

3 유산지 컵에 올린 샌드위치를 넣고 바구니 전체를
   비닐로 한 겹 싸서 셀로판테이프로 고정한다.

Sandwich Wrapping

도시락 지끈 포장

종이 도시락에 샌드위치를 넣고 1회용 커트러리를 예쁘게 포장해 지끈으로 묶었다.
여럿이 함께하는 소풍에서 1인분씩 나누어 줄 때 요긴하게 쓰일 듯하다.

Ingredients

1회용 도시락, 1회용 커트러리, 냅킨, 지끈

How to

1 냅킨으로 1회용 수저, 푸크, 나이프를 감싼다

2 냅킨을 도시락에 올리고 지끈으로 도시락을 심자매기
   한 후 한 바퀴를 더 두르고 외 리본으로 묶는다.

Sandwich Wrapping

종이 상자 포장

종이 상자에 샌드위치를 담고 유산지와 마 리본으로 장식하였다. 내용물이 보이지 않게 포장을 하고 싶을 때 이용하면 편리하다.

Ingredients

종이 상자, 영문 유산지, 마 리본, 스티커, 양면테이프

How to

1 영문 유산지를 직사각형으로 잘라 상자에 양면테이프로 붙인다.

2 마 리본을 한 바퀴 두르고 한 번 묶는다.

3 리본 가운데에 스티커를 붙여 매듭이 풀리지 않도록 고정한다.

Sandwich Wrapping

브라운 종이 봉투 포장

짙은 갈색 유산지는 이동 중에 구김이 가도 오히려 멋스럽게 느껴진다. 유산지와
잘 어울리는 레드 리본에 메시지 적힌 태그까지 달면 받는 이의 감동이 더욱 커질 것이다.

응용 포장

Ingredients

냅킨, 유산지 봉투, 코튼 리본, 태그, 와이어

How to

1 샌드위치를 냅킨으로 싸고 리본을 둘러 두 번 묶는다.

2 유산지 봉투 안에 샌드위치를 넣고 윗면에서 코튼 리본
으로 십자매기를 한다.

3 십자매기 위에 외 리본으로 묶는다.

4 와이어로 태그를 리본에 고정한다.

Sandwich Wrapping

원형 마 바구니 포장

마 소재로 만든 원형 바구니에 주름지와 리본으로 장식한 샌드위치를 넣고 네임 픽을
꽂았다. 안에 담긴 샌드위치 이름이나 받는 사람의 이름을 써서 비스듬히 꽂아보자.

Ingredients

마직 바구니, 주름지, 체크 코튼 리본, 네임 픽,
비닐, 셀로판테이프

How to

1 비닐로 포장한 샌드위치의 속이 보이도록 3면에
   주름지를 대고 리본으로 감싸 한 번 묶는다.

2 리본으로 한 번 너 묶는다.

3 바구니에 세워 넣는다.

4 네임 픽을 꽂는다.

Sandwich Wrapping

미니 바구니 포장

투명한 재료로 샌드위치를 포장해 바구니에 넣을 때에는 단면이 보이도록 하는 것이 중요하다. 내용물을 볼 수 있어야 좋아하는 샌드위치를 고를 수 있기 때문이다.

Ingredients

작은 정사각형 바구니, 유산지, 냅킨, 비닐, 라피아, 리본, 태그

How to

1 바구니에 냅킨을 사선으로 깐다.

2 비닐로 포장한 샌드위치가 살짝 보이도록 유산지로 감싸고 라피아를 감아 묶는다.

3 유산지로 감싸지 않은 부분을 위로, 샌드위치 속이 보이도록 바구니에 넣는다.

4 리본을 바구니에 두르고 트리플 리본으로 묶은 후 태그를 단다.

Cake
Champagne
Jam

Cake Wrapping

조각 케이크 포장

흰 색 조각 케이크 상자에 리본을 둘러 사랑스럽게 포장하였다. 포장지로 만든 띠지를
두르거나 태그를 붙이면 다양한 분위기를 연출할 수 있다. 한 조각의 케이크지만
정성스럽게 포장하면 부담 없는 선물이 된다.

Cake Wrapping

Cake

투명 케이스 포장

제품이 보이는 투명한 케이스는 고객에게 신뢰감을 준다. 투명한 케이스에 두 가지
리본을 사용해 트리플 리본을 만들었다. 두 리본의 다리를 엇갈리게 배치하면 더욱
풍성한 느낌을 살릴 수 있다.

Ingredients

투명 케이크 케이스, 컬러 유산지, 새틴 리본,
스티치 오건디 리본, 양면테이프

How to

1 정사각형으로 자른 유산지로 케이스 바닥을 감싸고 둘
레에 리본을 둘러 양면테이프로 고정시킨다.

2 뚜껑을 덮고 새틴 리본으로 십자매기를 한다.

3 스티치 오건디 리본을 끼운 채 새틴 리본으로 트리플
리본을 만든다.

4 3의 트리플 리본 위에 스티치 오건디 리본으로 트리
플 리본을 묶어 완성한다.

Cake Wrapping

실버 리본 케이크 포장

가장 일반적으로 쓰이는 케이크 상자에 세 가지 리본을 사용해 화려함을 더했다.
상자에 포장지를 미리 붙여 놓거나 보우를 만들어 놓으면 시간이 없을 때 빠르고
쉽게 포장할 수 있다.

Ingredients

케이크 상자, 메탈지 두 가지 색상, 굵은 새틴 리본,
와이어 리본, 망사 리본, 와이어, 양면테이프

How to

1 상자에 두 가지 색상의 메탈지를 겹쳐 사선으로 띠지를
  붙인다.

2 새틴 리본을 상자에 한 바퀴 두르고 외 리본으로 묶는다

3 와이어 리본으로 트리플 리본을 묶는다.

4 3의 트리플 리본을 2의 외 리본위에 올리고 망사 리본
  으로 묶은 다음 싱글 나비 리본으로 마무리한다.

Cake Wrapping

가죽 리본 버클 포장

케이크 상자에 강렬한 색상의 레자크지를 붙이고 가죽 리본을 둘러 모던하게 포장
하였다. 가죽 리본에 버클을 끼워 색다른 느낌을 준다.

Ingredients

케이크 상지, 양면 레자크지, 가죽 리본, 버클,
양면테이프, 태그

How to

1 양면 레자크지를 안쪽면 시선으로 잡기 짧은 벼을 밖으
로 점은 후 양면테이프로 상자에 붙인다.

2 가죽 리본을 두르고 버클을 이용해 고정시킨다.

3 리본을 버클에 완전히 끼우지 않고 여유를 두어 입체
감을 살린 후 태그를 끼운다.

Cake Wrapping

Cake

플라워 장식 케이크 포장

검정색 케이크 상자의 한가운데에 홈을 파고 접시를 올린 다음 오아시스를 넣고 꽃을 꽂아 강렬한 느낌을 주는 포장이다. 케이크 상자 한쪽 모서리에 리본을 묶어주면 깔끔하고 세련된 느낌을 연출할 수 있다.

Ingredients

케이크 상자, 가죽 리본, 폭죽 오너먼트, 꽃,
접시, 오아시스

How to

1 상자의 한쪽에 가죽 리본을 이용해 십자매기를 한다.

2 다리가 상자 아래로 내려오도록 싱글 나비 리본을 묶는다.

3 접시를 올리고 폭죽 오너먼트를 달아 준다.

4 접시에 오아시스를 넣은 후 꽃을 꽂는다.

Champagne Wrapping

폭죽 샴페인 포장

부직포와 리본만으로도 화려한 샴페인 포장이 가능하다. 부직포의 자연스러운 주름과 라피아의 컬을 이용해 폭죽이 터지는 듯한 이미지를 연출했다.

Ingredients

부직포 두 가지 색상, 오건디 리본, 라피아

How to

1 긴 직사각형 부직포에 자연스런 주름을 잡고 병의 양 옆을 감싸 올린다.

2 긴 마름모꼴로 재단한 부직포를 병의 목 부분에 댄다.

3 2의 부직포를 감싸올린 부직포와 함께 잡아 모은다.

4 리본으로 병의 목 부분을 두르고 라피아를 넣는다. 한 번 묶은 후 외 리본을 묶는다.

5 라피아에 가위 등으로 컬을 준다.

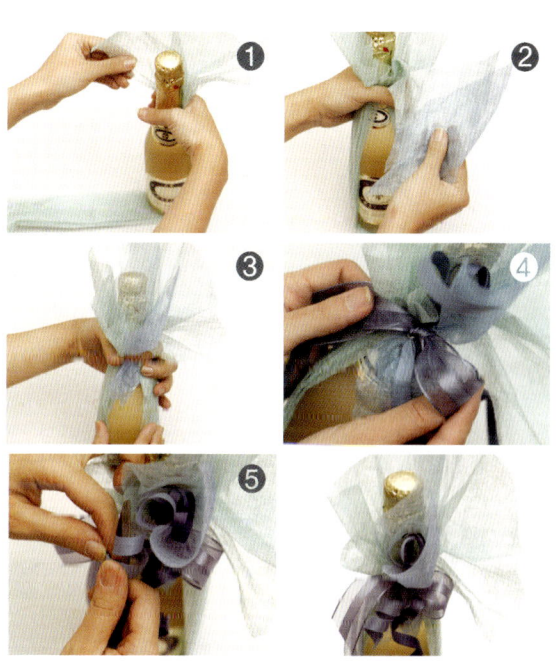

Champagne Wrapping

Champagne

심플 샴페인 포장

샴페인과 같은 계열의 유산지와 라피아를 이용해 은은하게 포장한다. 재료가 간단
하고 만들기 쉬우면서도 멋스러워 베이커리에서 샴페인을 진열할 때 유용하게 사용
할 수 있다.

Ingredients

유산지, 라피아 두 가지 색상

How to

1 정사각형으로 재단한 유산지를 샴페인 윗부분에 덮는다.

2 자연스러운 주름이 만들어지도록 오므린다.

3 두 가지 색의 리피아를 겹쳐 병의 목 부분에 한 바퀴
　두르고 묶은 후 외 리본으로 마무리한다.

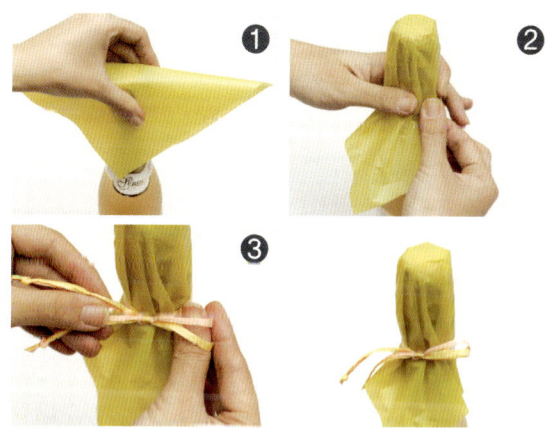

Jam Wrapping

빈티지 잼 포장

체크무늬 천과 굵은 와이어를 이용해 잼 병을 빈티지 스타일로 포장했다. 양철통에
넣으니 더욱 소박한 멋이 묻어난다.

Ingredients

양철 통, 체크 무늬 천두 가지 색상, 핑킹가위, 체크
무늬 와이어 리본, 굵은 와이어, 스타핑, 태그

How to

1 체크 무늬 천을 핑킹가위로 실라 칭시긱컹을 만들고 잼
  병 윗분분에 덮는다.

2 굵은 와이어로 잼 병의 목 부분에서 십자매기를 한다.

3 끝부분을 달팽이처럼 구부리고 태그를 끼운다.

4 양철통 안에 스타핑을 깐 후 잼 병을 넣고 손잡이 부
  분에 제그무늬 와이어 리본을 감아 두 번 볶는나.

Jam Wrapping

홈메이드 잼 포장

중간 중간 과육이 섞여있어 더욱 먹음직스러운 홈메이드 잼을 유리병에 넣어 마지와
라피아로 내추럴하게 포장하였다. 지인들에게 선물하면 큰 기쁨이 될 듯.

Traditional Snack
Rice Cake

Traditional Wrapping

떡 케이크 주머니 포장

비닐 부직포의 양 끝을 붙여 원통형으로 만든 후 정사각형의 바닥을 붙여 떡 케이크가 들어갈 수 있는 주머니를 만들었다. 마치 보자기로 포장한 듯 단정하고 아름답다.

Ingredients

비닐 부직포 두 가지 색상, 실, 바늘, 매듭 끈, 양면 테이프, 가락지매듭

How to

1 부직포 두 장을 직사각형으로 자르고 윗부분에 모서리가 45°인 산을 3과 ½개 만든다. 바닥이 될 정사각형 모양도 한 장 재단한다.

2 1의 직사각형 부직포 2장을 겹쳐 놓고 윗부분에 매듭 끈이 들어갈 수 있도록 가로로 두 줄 성글게 바느질한 다음 매듭 끈을 넣는다.

3 2의 세로를 양면테이프로 붙인 후 한 장이 된 부직포를 반으로 접어 다시 양면테이프로 연결한다.

4 밑면이 될 정사각형 부직포의 사면에 시접을 접고 양면테이프를 붙인다.

5 4의 양면테이프를 떼어내며 밑면과 옆면을 연결한다.

6 각을 잡아 정리하여 주머니 모양을 만들고 떡 케이크 상자를 넣는다.

7 바느실한 실을 잡아 당겨 윗부분을 오므려 묶고 매듭 끈으로는 싱글 나비 리본을 묶는다.

8 매듭 끈의 끝에 가락지매듭을 틸아 준나.

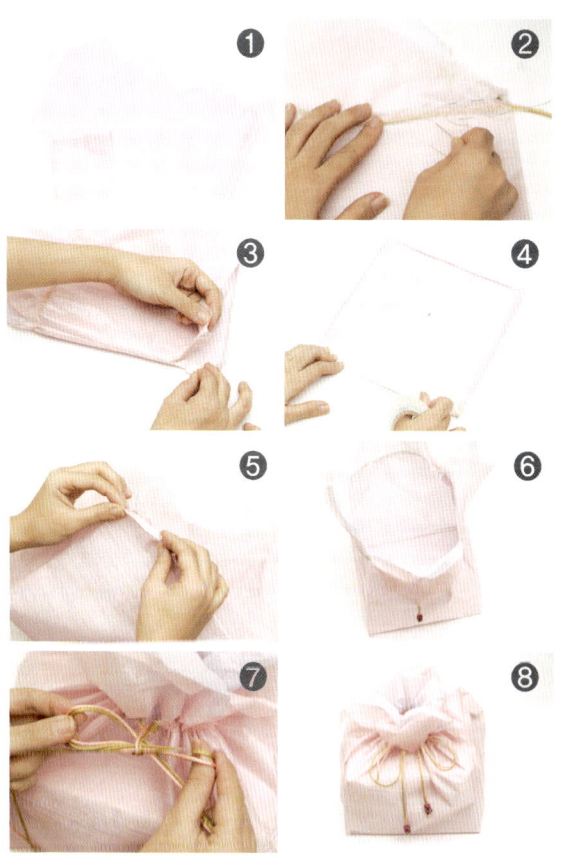

Traditional Wrapping

유과 상자 포장

작은 유과가 담긴 정사각형 모양의 상자를 주름지로 포장하고 두 가지 색상의 지끈으로 묶었다. 지끈의 꼬임을 풀어 결대로 찢은 후 컬을 주면 동글동글 말린 모양이 꽃처럼 된다.

Ingredients

양면 주름지, 지끈 두 가지 색상, 양면테이프

How to

1 정사각형의 주름지를 마름모꼴로 놓고 한과 상자를 올린 후 포장지 양면을 접어 올린다.

2 왼쪽 높이는 스퀘어 포장으로 시접 처리한다.

3 위로 올라온 시접은 상자의 중앙에서 밖으로 접어 포장지의 안쪽 색상이 보이도록 한다.

4 오른쪽도 같은 방법으로 접고 양면테이프로 붙인다.

5 두 색의 지끈을 겹쳐 두르고 한번 묶어 준다.

6 외 리본을 만들고, 다리를 지끈 꼬임의 반대방향으로 풀어낸다.

7 풀어 낸 리본 다리를 결대로 찢어 가위 등으로 컬을 준다.

8 꽃 모양이 되도록 정리해 순다.

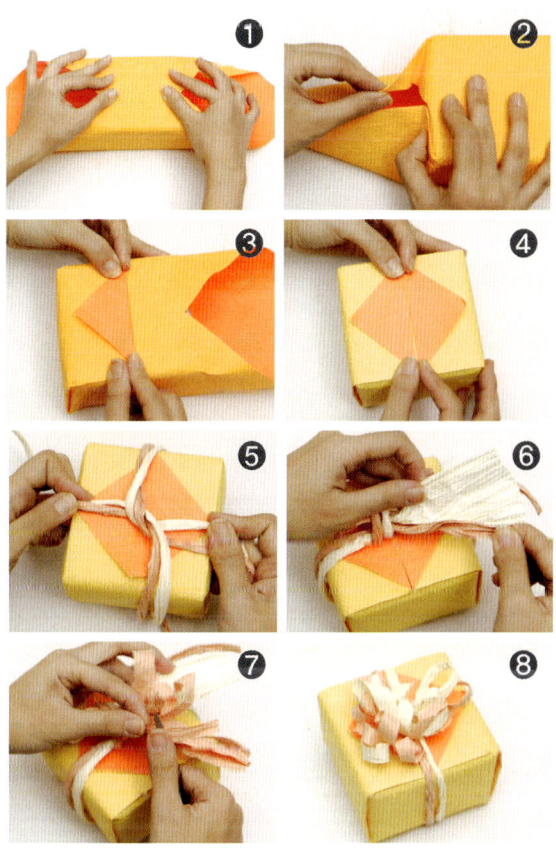

Traditional Wrapping

화과자와 양갱 세트

화과자는 각각의 제품들이 공예품처럼 아름다워 별다른 포장을 하지 않아도 되지만 자칫 밋밋할 수 있는 양갱에는 표구 띠지와 매듭 끈을 이용해 전통적인 멋을 더해주는 것이 좋다.

Ingredients

매듭 끈, 가락지매듭, 표구 띠지, 표구지, 양면테이프, 새틴 리본, 장식용 지수

How to

1 양갱에 표구 띠지를 반만 두르고 양면테이프로 붙인다

2 반으로 접은 매듭 끈에 가락지매듭을 끼운다.

3 양갱 위에 매듭 끈을 두르고 뒷면에 양면테이프로 고정한다.

4 상자 뚜껑에 표구지와 표구 띠지, 리본을 두르고 뚜껑 안쪽에 양면테이프로 고정한 후 장식용 자수를 붙여 마무리한다.

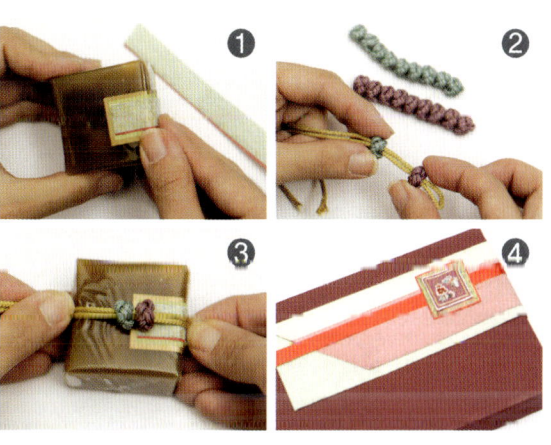

Traditional Wrapping

색동 띠지 한과 세트

한과는 상온에서 오랫동안 보관할 수 있기 때문에 예쁘게 포장하면 인테리어 소품
으로도 활용이 가능하다. 부직포와 표구 띠지를 이용해 한과 하나하나를 정성
스럽게 포장하고 상자 뚜껑은 단순한 포장으로 복잡함을 피한다.

Ingredients

부직포, 표구 띠지, 아트지, 새틴 리본, 양면테이프

How to

1 정사각형으로 자른 부직포를 마름모꼴로 놓고 한과를
  올린 다음 양면을 감싸고 양면테이프로 붙인다.

2 감싼 한과를 표구 띠지로 한 바퀴 감아 한과 밑면에서
  양면테이프로 붙인다.

3 부직포 양쪽을 가운데로 모아 묶는다.

4 3의 부직포 가운데를 표구 띠지로 말아 양면테이프로
  고정한다.

5 상자 뚜껑에 포장시보 반는 띠지와 리본을 두르고 안쪽
  에 양면테이프로 고정한 후, 뚜껑에 두르 리본에 다른
  리본을 끼워 외 리본으로 묶는다.

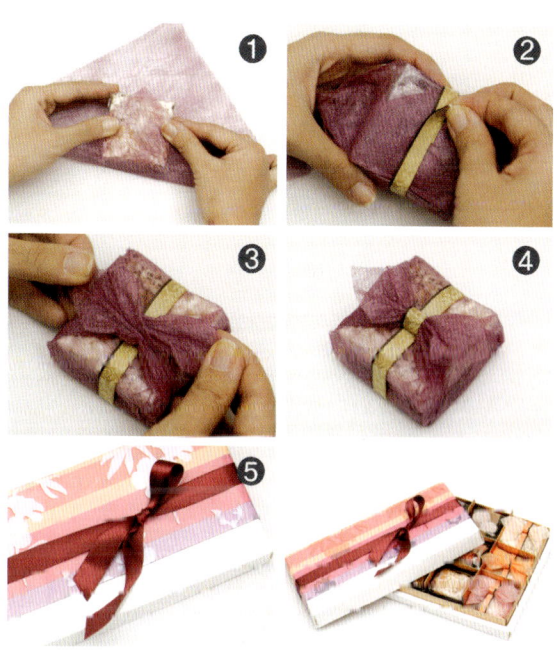

매듭 만주 세트

만주는 밀가루나 쌀가루로 만든 반죽에 팥 또는
콩으로 만든 소를 넣고 찌거나 구운 일본의 전통
과자이다. 전통 과자라고 해서 고전적인 느낌만
고수할 필요는 없다. 은색을 주색으로 하여 세련
되고 고급스러운 느낌을 주었다.

Traditional Wrapping

Ingredients

유산지, 매듭 끈, 메탈지, 표구지, 장식용 끈,
비닐 봉투, 양면테이프, 셀로판테이프

How to

1 비닐 봉투에 만주를 넣고 유산지로 띠지를 두른다.

2 매듭 끈으로 외 리본을 만들어 띠지 위에 두르고 뒤쪽에
　양면테이프로 고정한다.

3 상자 뚜껑 한쪽에 메탈지를 붙인 다음 표구지로 띠지
　를 만들어 붙인다. 나비 모양 매듭을 둘러 뚜껑 안쪽에
　글루건 또는 양면테이프로 고정한다.

Rice Cake

문살 무늬 포장

명절 선물로 떡 선물세트가 인기를 모으고 있다.
한지로 포장 한 다음 문살 무늬 포장지를 잘라
붙이고 조각보 모양의 태그를 달면 전통적인
분위기가 물씬 풍긴다.

Traditional Wrapping

Ingredients

한지, 문살무늬 한지, 아트지, 양면 새틴 리본,
태그, 양면테이프

How to

1 포장지로 띠지를 만들어 붙인다.

2 리본을 둘러 상자 아래에 양면테이프로 고정시키고,
   다른 리본을 끼워 외 리본으로 묶는다.

3 다리의 끝을 직각으로 하여 적당한 길이로 자른다.

4 조각보 모양의 태그를 만들어 붙인다.

✱ 실용 포장 기법

Wrapping for
Event

Valentine's Day Wrapping

모루 하트 포장

두 가지 색상의 종이를 이어 붙여 색다른 느낌의 포장지를 만들었다. 빨간 포장지의 작은 하트 무늬와 갈색 모루로 만든 하트가 어울려 특별한 메시지를 전하는 듯하다.

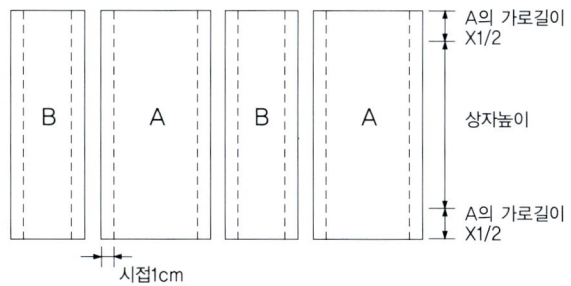

Ingredients

크래프트지 두 가지 색상, 골지 리본, 모루, 하트 오너먼트, 양면테이프

How to

1 상자이 넓은 면에 재단한 포장지 A를, 좁은 면에는 재단한 포장지 B를 대고 양쪽 1㎝씩 시접을 표시한다.

2 시접에 양면테이프를 붙여 연결한다.

3 완성된 포장지로 상자의 둘레를 한 바퀴 두른다.

4 윗면과 아랫면은 캐러멜 포장한다.

5 세로 방향으로 리본을 두르고 한 번 묶는다.

6 리본에 모루와 오너먼트를 끼운 다음 한 번 더 묶어 마무리한다.

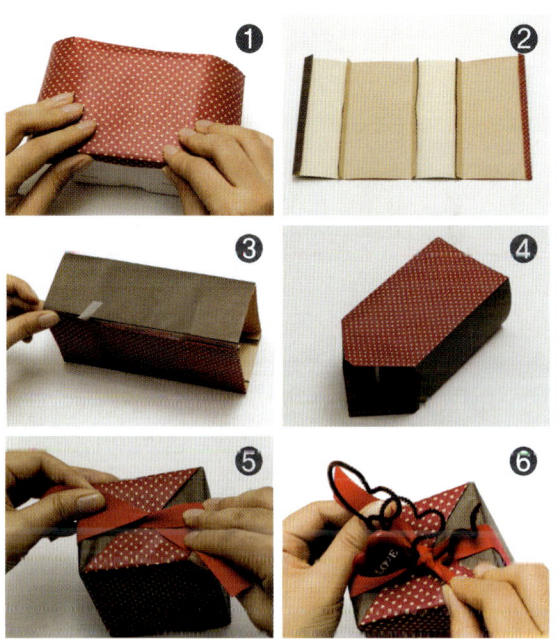

Valentine's Day Wrapping

레드&화이트

컬러 유산지에 모양 펀치로 구멍을 뚫어 귀엽고 발랄한 느낌을 살렸다. 모양 펀치는 하트, 나비, 꽃 등 여러 가지 종류가 있어 포장지를 꾸미거나 태그를 만들 때 유용하게 사용된다.

Ingredients

스타드림지, 컬러 유산지, 모양 펀치, 새틴 리본,
가는 새틴 리본, 양면테이프

How to

1 스타드림지로 캐러멜 포장을 한다.

2 유산지를 긴 직사각형으로 잘라 모양 펀치로 구멍을 내
  무늬를 만든다.

3 새틴 리본과 가는 새틴 리본을 겹쳐 중간 중간 매듭
  을 만든다.

4 2를 상자에 세로로 두르고 양면테이프로 붙인 후 3의
  리본을 두르고 한 번 묶는다.

5 리본을 모아 잡고 다리가 위로 가도록 한 번 더 묶는다.

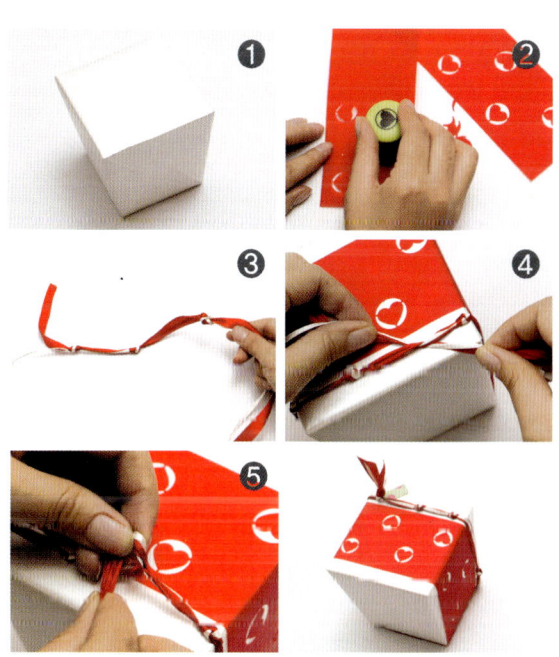

Valentine's Day Wrapping

하트 초콜릿 포장

원형 상자에 담긴 하트 초콜릿과 핑크빛 새틴 리본이 밸런타인데이의 로맨틱한
분위기와 잘 어울린다.

Ingredients

원형 상자, 새틴 리본, 가는 새틴 리본, 펠트 스티커,
와이어

How to

1 리본을 8자로 돌려 모양을 만든다.

2 한쪽 다리로 보우를 하나 더 만든다.

3 보우 가운데를 와이어로 잡아준다

4 다리를 사선으로 자르고 가운데 펠트 스티커를 붙인다.

5 뚜껑에 새틴 리본을 둘러 뒷면에 양면테이프로 붙이고
  다른 리본을 끼워 외 리본을 만든다.

6 가는 새틴 리본을 엇갈리게 두르고 트리플 리본으로
  묶는다.

하트 패턴 리본 포장

빨간색 하트 무늬 새틴 리본으로 띠를 두르고 그 위에 스웨이드 끈을 묶어 심플한
느낌으로 마무리하였다. 리본 가운데 반짝이는 메탈 느낌의 오너먼트를 붙여
포인트를 주었다.

Ingredients

크래프트지, 패턴 새틴 리본, 스웨이드 끈, 하트
오너먼트, 글루건, 양면테이프

How to

1 빨간색 크래프트지로 캐러멜 포장을 한 상자에 패턴 새
  틴 리본을 한 바퀴 감이 띠를 두르고 뒷면에 양면테이
  프로 고정한다.

2 스웨이드 끈으로 새틴 리본의 가운데를 묶은 후 외 리본
  으로 묶고 다리에는 매듭을 묶어 끝을 짧게 자른다.

3 리본 가운데 하트 오너먼트를 글루건으로 붙인다.

Valentine's Day Wrapping

서랍식 초콜릿 박스

옆으로 돌리면 열리는 2단 상자를 만들어 위 칸에는 초콜릿을 넣고 아래 칸에는
인형이나 미니어처 향수 등의 선물을 넣었다. 상자와 잘 어울리는 색의 리본을
매어주면 주는 이의 센스가 더욱 돋보일 것이다.

Ingredients

2단 서랍 상자, 패턴 골지 리본, 새틴 리본,
양면테이프

How to

1 새틴 리본과 패턴 골지 리본을 교차하여 양면테이프로
  뚜껑 안쪽에 붙인다.

2 다른 패턴 골지 리본을 1의 교차심 아래로 끼워 외 리본으
  로 묶는다.

Valentine's Day Wrapping

골드 맵 초콜릿 포장

화려한 지도 무늬의 크래프트지 위에 금박 포장지와 스웨이드 끈을 이용해 멋스럽게
덧포장하였다. 밀짚 색의 스타핑을 깔아 초콜릿의 투박한 느낌을 강조하였다.

초콜릿 캔 포장

구김지를 찢어서 초콜릿을 싸고 실로 묶은 뒤 양철 캔에 넣고 뚜껑을 덮었다. 빈티지 스타일 의 포장이 생 초콜릿이나 다크 초콜릿에 특히 잘 어울릴 듯하다.

Valentine's Day Wrapping

Ingredients

원형 캔, 구김지, 실, 가죽끈, 태그

How to

1 갈색 구김지를 찢어서 재단하고 초콜릿을 싸서 실로 십 자매기를 한다.

2 싱글 나비 리본을 묶는다.

3 원형캔에 초콜릿을 넣고 뚜껑을 넣어 가죽끈으로 십 자매기 한 후 싱글 나비 리본으로 묶는다.

4 태그를 끼워 마무리한다.

Valentine's Day Wrapping

응용 포장

V자 캐러멜 포장

상자 윗면을 포장할 때 V자로 포장을 마무리하면 카드나 태그 등을 끼우기 쉽고
특이해서 좋다. V자 안쪽에 화려한 리본을 붙여 포인트를 주었다.

Ingredients

스타드림지, 새틴 리본, 가는 새틴 리본, 스트라이프
메탈 리본, 와이어, 양면테이프, 카드나 태그

How to

1 포장지에 상자를 놓고 왼쪽은 그대로, 오른쪽은 비대칭
  삼각형 모양으로 접어 올린다.

2 삼각형의 긴 변에 스트라이프 메탈 리본을 양면테이프
  로 붙인다.

3 삼각형으로 접은 면이 위로 올라오도록 해서 캐러멜
  포상한다.

4 가는 새틴 리본과 스트라이프 메탈 리본으로 각기 트
  리플 리본을 만들고 두 개를 겹쳐 와이어로 가운데를
  묶는다.

5 접은 삼각형의 뾰족한 부분에 맞춰 새틴 리본을 두르고
  한 번 묶는다.

6 새틴 리본에 만들어 놓은 싱글 리본을 끼우고 다시 한
  번 싱글 나비 리본으로 묶는다.

Tip 리본을 끼울 때 리본과 포장지를 평행하게 붙이기
     보나 약간 어긋나게 붙이면 너욱 멋스러운 포장을
     연출할 수 있다.

초콜릿 장식 포장

마치 판 초콜릿을 연상시키는 유머러스한 포장이다. 초콜릿 형태의 박스에 외주름
포장을 하고 초콜릿 조각 모양의 태그를 붙여 넣었다.

Valentine's Day Wrapping

하트 픽 포장

뚜껑이 달린 상자에 아트지를 잘라 붙이고 상
자와 같은 초콜릿 색 스티치 리본을 두른 후 사랑
스런 하트 모양 태그를 달아 주었다. 태그를 달 때
와이어를 이용해 세워주면 더욱 입체감이 난다.

Valentine's Day Wrapping

Ingredients

아트지, 스티치 골지 리본, 와이어, 태그, 양면테이프

How to

1 상자에 아트지로 만든 띠지를 두르고 양면테이프로 붙
  인다.

2 리본을 한 바퀴 두르고 트리플 리본으로 묶는다.

3 굵은 와이어 양쪽에 태그를 달고 리본 중앙에 묶어
  비스듬히 세워준다.

삼각 2단 포장

가볍고 섬세하게 느껴지는 코사지가 너무도 화사한 화이트데이 포장이다. 삼각형 상자 두 개를
오건디 리본으로 묶은 다음 오건디 리본과 와이어, 조화를 이용해 만든 코사지를 올렸다.

White Day

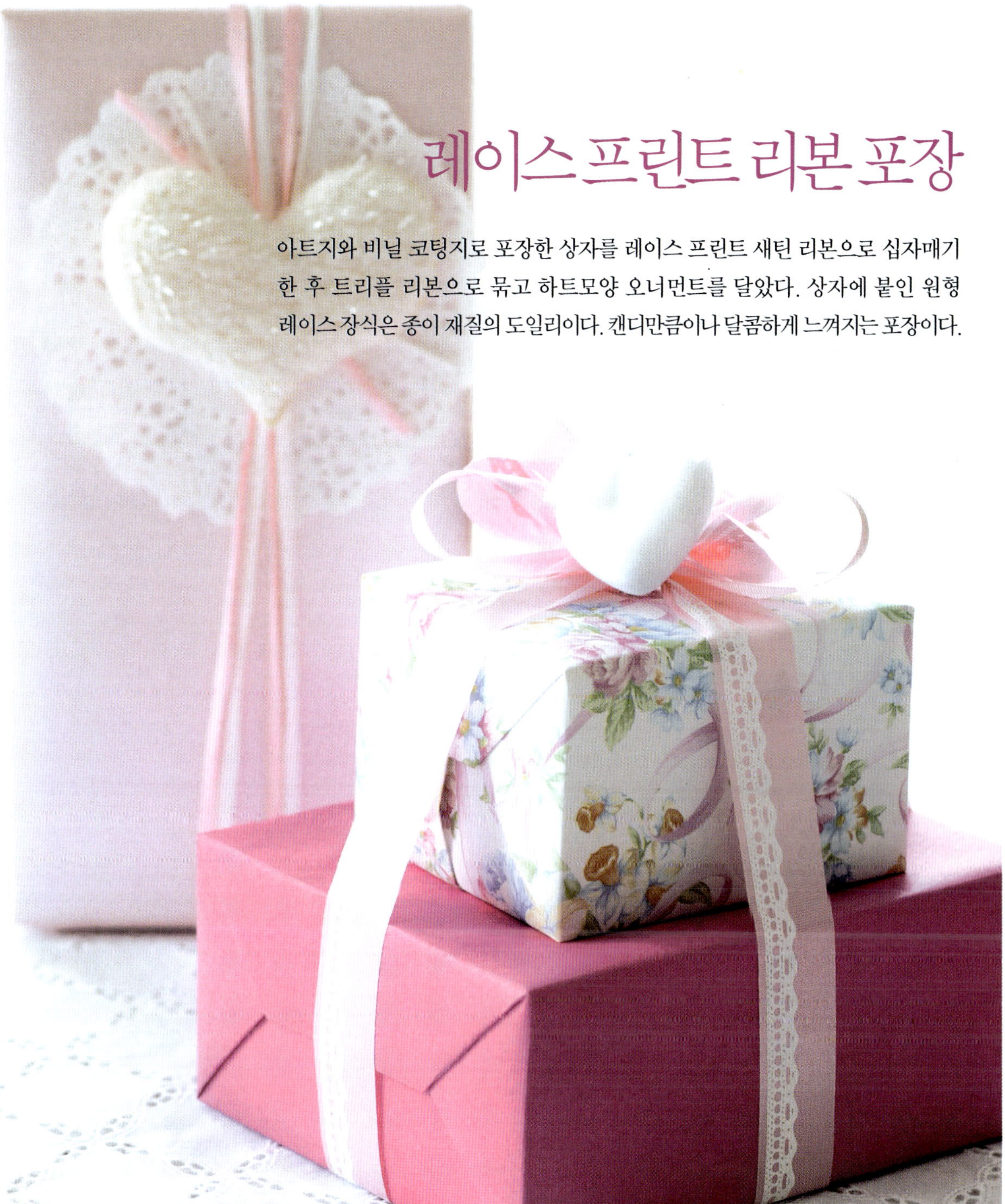

레이스 프린트 리본 포장

아트지와 비닐 코팅지로 포장한 상자를 레이스 프린트 새틴 리본으로 십자매기 한 후 트리플 리본으로 묶고 하트모양 오너먼트를 달았다. 상자에 붙인 원형 레이스 장식은 종이 재질의 도일리이다. 캔디만큼이나 달콤하게 느껴지는 포장이다.

White Day Wrapping

한지 무늬 메탈지 포장

한지처럼 무늬가 들어있는 메탈지를 마름모꼴로 놓고 스퀘어 포장 기법으로 포장하였다. 메탈지는 펄 느낌의 광택이 있어, 비즈가 달린 반짝이는 소재의 오너먼트를 달면 세련된 느낌을 살릴 수 있다.

Ingredients

한지 무늬 메탈지, 하트 리본, 새틴 리본, 모루,
하트 오너먼트, 글루건, 양면테이프

I low to

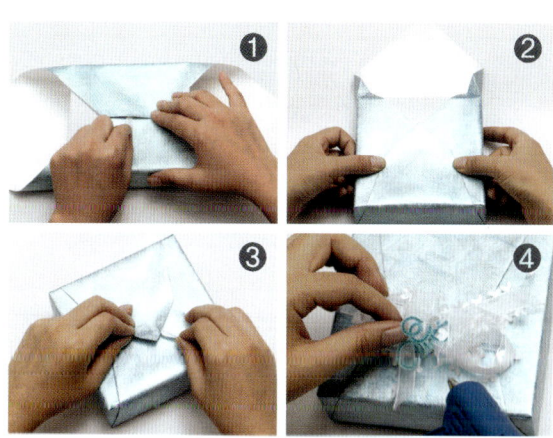

1 정사각형으로 재단한 포장지를 마름모꼴로 놓고 상자를 올린 후 아래쪽과 위쪽을 접어 상자를 덮고 시접을 접어 양면테이프로 붙인다.

2 나머지 버름 모두 스퀘어 포징을 일 때처럼 집어 올린다.

3 윗면의 뾰족한 시접 끝은 안 으로 접어 양면테이프로 붙인다.

4 리본으로 크로스 루프 보우를 네 개 만들고 하트 오너먼트를 꿴 모루로 감는다. 글루건으로 상자에 붙인다.

White Day Wrapping

엘레강스 초콜릿 바구니

종이로 만든 초콜릿 바구니를 하트 리본으로 장식했다. 소녀 취향의 파스텔 톤 바구니가 무척 사랑스럽게 느껴진다.

Ingredients

종이 바구니, 하트 리본, 하트 오너먼트 두 가지, 스타핑, 양면테이프

How to

1 바구니 안에 스타핑을 깔고 초콜릿을 넣는다.

2 하트 리본을 바구니 손잡이 위로 두른다.

3 손잡이 끝에서 싱글 나비 리본으로 묶는다.

4 하트 오너먼트 두 가지를 양면테이프로 붙인다.

White Day Wrapping

라피아 하트 포장

라피아와 글루건을 이용해 간단하게 하트 모양의 오너먼트를 만들었다. 하트의 아랫부분에 매듭을 짓고 자연스러운 곡선으로 하트를 만드는 것이 포인트이다. 레터링을 할 때는 볼펜 끝이나 전사 펜으로 꾹꾹 눌러주어 빈틈이 없도록 한다.

Ingredients

미라클지, 레터링 스티커, 라피아 세 가지 색, 진주 구슬 오너먼트, 글루건, 양면테이프

How to

1 캐러멜 포장을 한 상자 중앙에 원하는 글자를 레터링 한다.

2 라피아 세 가지 색을 겹쳐 매듭을 만든다.

3 매듭 부분을 상자 아래쪽 중앙에 글루건으로 붙인다.

4 적당한 길이로 자른 리본을 이용해 하트 모양을 만들고 글루건으로 상자에 붙인 후 그 위에 진주 구슬 오너먼트를 붙인다.

Children's Day
Parents & Teacher's Day

Children's Day Wrapping

포켓 캐러멜 포장

캐러멜 포장 한 상자에 다른 포장지로 반만 다시 캐러멜 포장을 하여 장식하였다.
이렇게 해서 생긴 포켓에는 태그나 카드를 꽂을 수 있어 일석이조이다.

Ingredients

크래프트지 두 가지 색상, 프릴 오건디 리본,
새틴 리본, 태그, 양면테이프

How to

1 상자에 단색 크래프트지로 캐러멜 포장을 한다.

2 1cm 시접을 접어 넣은 신발 무늬 크래프트지를 상자의
  중간보다 약간 낮은 위치에 두르고 양면테이프로 붙인다.

3 높이는 캐러멜 포장으로 마무리한다.

4 상자의 가운데에 새틴 리본을 두르고 뒤쪽에 양면테
  이프로 고정한다.

5 새틴 리본 위에 프릴 오건디 리본을 겹쳐 두르고, 새틴
  리본에 끼워 한 번 묶는다.

6 싱글 나비 리본으로 묶는다.

7 풍선을 그려 넣은 태그를 끼워 마무리한다.

Children's Day Wrapping

비닐 튜브 리본 포장

캐러멜 포장을 한 상자에 비닐 튜브 리본을 감고, 포장지에서 귀여운 그림을 오려 붙였다. 특히 분홍 상자는 마치 빨랫줄에서 춤을 추는 어린이의 옷처럼 느껴져 재미있다.

Ingredients

아트지, 어린이 옷과 동물무늬 크래프트지, 비닐 튜브 리본, 라피아, 양면테이프

How to

1 아트지로 카라멜 포장을 한 다음 동물무늬 포장지에서 그림을 오려낸다.

2 상자에 라피아를 두 바퀴 감고, 풀어지지 않도록 교차 시킨 다음 한 번 묶는다.

3 싱글 나비 리본으로 묶는다.

4 포장지에서 오려낸 그림을 라피아 끈 사이에 적절히 끼 워 넣고 양면테이프로 고정한다.

아이싱 쿠키 세트

노란색 띠지와 색색의 리본으로 아기자기하게 꾸민 상자에 아이들이 좋아하는
아이싱 쿠키를 가득 담았다. 어린이를 위한 선물 세트인 만큼 즐겁고 경쾌한 느낌이
들도록 연출한다.

Children's Day Wrapping

Children's Day Wrapping

리본 매듭 포장

도트 포장지의 끝부분에 무늬가 없는 포장지를 덧대어 캐러멜 포장을 하였다. 골지 리본으로 상자를 두르고 가운데 패턴 골지 리본을 연결하여 매듭 부분이 새싹처럼 보인다.

와이어 로켓 포장

로켓을 탄 곰인형이 마법의 성 위를 날아가고 있다. 컬러 와이어로 매단 곰인형과
상자 아랫부분을 감싼 성의 모습은 모두 포장지에서 오려낸 것.

Children's Day Wrapping

펠트 플라워 포장

꽃무늬가 있는 화려한 포장지로 캐러멜 포장을 한 상자에 펠트로 만든 큼지막한
꽃송이를 붙여 장식하였다. 꽃 가운데에 단추를 붙여 귀여운 느낌이다.

Children's Day
Wrapping

민트 그린 리본 포장
Parents Day Wrapping

포장지와 리본의 배색만으로도 아름답고 품위 있는 포장을
완성할 수 있다. 특히 받는 분이 우아한 여성이라면 더욱 환영
받을만한 아이템이다. 더블 나비 리본에는 오건디 리본과 잎
리본을 사용했다.

Parents Day Wrapping

안스륨 리본 꽃 포장

하늘하늘한 오선니 리본을 꽃잎 모양으로 집고 가운데 피코드 리본으로 꽃술을 민들이 와이이로 묶었디.
직접 만든 리본 꽃다발로 부모님께 감사의 마음을 전해보자. 안스륨 꽃다발은 재활용이 가능해 더욱 좋다.

Parents Day Wrapping

쇼핑백 포장

선물 포장을 하고 그 포장지와 같은 소재로 쇼핑백을 만들어 넣으면 더욱 격식을 갖춘 선물이 된다. 단, 포장지가 얇으면 물건을 넣었을 때 찢어지기 쉬우니 두툼하고 튼튼한 재료를 사용해야 한다.

Ingredients

미라클지, 꽃무늬 아트지, 지끈, 아일렛, 아일렛 펀치, 양면테이프

How to

1 포장지를 상자 크기에 맞게 재단하여 세로 1cm 시접을 접은 다음 반으로 접어 양면테이프로 붙인다.

2 아랫부분을 [만들고자 하는 쇼핑백의 밑면 높이+3cm]로 접어준다.

3 2의 종이를 펴고 A보다 1cm 위를 향해 접어 B를 표시한다.

4 접은 종이를 벌려 중심선을 맞추면서 사진과 같은 모양으로 접는다.

5 B를 접어 표시해 놓고, 바닥을 붙여야하므로 그림과 같이 양면테이프를 붙여 놓는다.

6 양면테이프가 붙지 않은 쪽을 먼저 접어 올리고 나머지를 접은 후 테이프를 떼며 접은 모양대로 붙여 바닥을 만든다.

7 만들어신 봉투의 위쪽에 띠시를 누르고 옆면이 될 부분을 접어 표시한다.

8 봉투 윗부분을 2cm 정도 접어 안으로 시접을 넣고 아일렛으로 구멍을 만든 후 구멍에 지끈을 넣고 안에서 매듭을 지어 손잡이를 만든다.

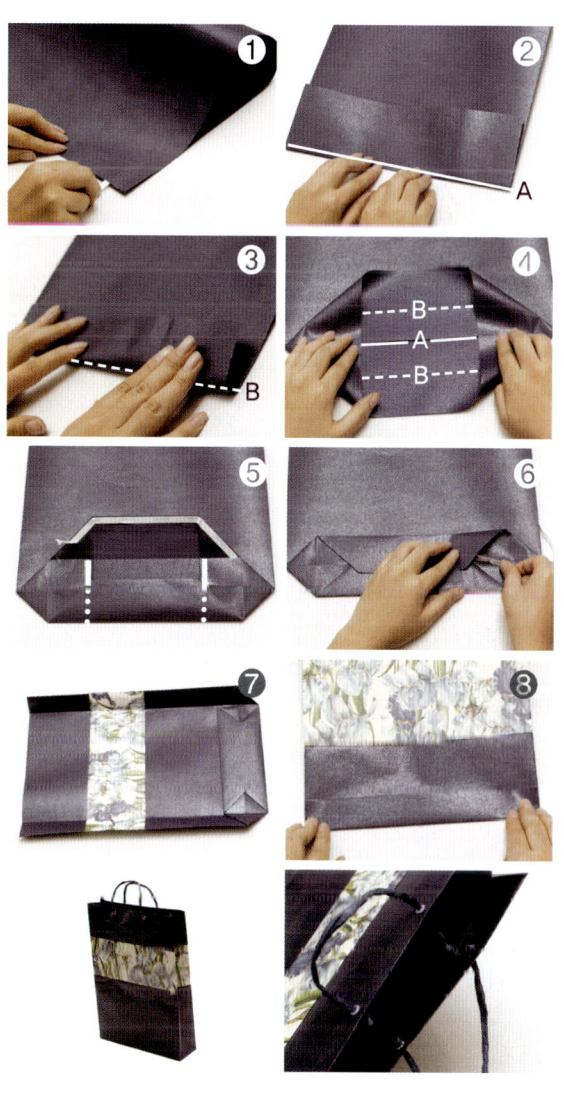

Parents Day Wrapping

페이즐리 패턴 세트

짙은 감색과 정교하고 섬세한 페이즐리 문양의 조화가 고급스럽다. 복잡한 무늬의 포장지를 사용했을 때 리본은 포장지에서 가장 적게 사용된 포인트 컬러를 선택하는 것이 좋다.

Ingredients

미라클지, 꽃 무늬 크래프트지, 지끈, 라피아 두 가지 색상, 양면테이프

How to

1 단색 포장지로 상자에 캐러멜 포장을 한 후 페이즐리 무늬 포장지를 긴 직사각형으로 잘라 사선으로 붙인다.

2 지끈을 풀어 베네로우프지를 만든다.

3 베네로우프지와 라피아를 겹쳐 상자에 약간 비스듬히 감고 뒷면에서 양면테이프로 고정한다.

4 다른 베네로우프지를 3의 밑에 끼워 한 번 묶는다.

와인과 케이크 포장

케이크 상자에 큼지막한 리본을 달면 손잡이 없이도 운반과 이동이 편리해진다. 케이크와 와인에 사용된 리본은 색은 다르지만 같은 소재를 사용하여 통일감을 주었다.

Thank You Wrapping

Good-luck!
Congratulations!

Good-luck!

Dream will come true

포크장식 포장

꿈을 이루기 위해 열심히 노력한 수험생들이 정답만 콕 콕 찍으라는 의미로 만든 포장이다.
일회용 나무 포크에 레터링을 하면 메시지가 담긴 멋진 선물이 된다.

실타래 포장

엉킨 실타래를 풀어 한 땀 한 땀 꿈을 수놓으라는
뜻의 포장이다. 라피아를 뭉쳐 실타래를 만든 후
끝을 풀어 레터링을 하고, 코튼 리본에는 아일렛
펀치로 구멍을 뚫었다.

Ingredients

손잡이가 달린 종이 상자, 라피아, 레터링 스티커,
코튼 리본, 아일렛 펀치, 아일렛, 바늘, 글루건

How to

1 코튼 리본에 아일렛 펀치로 아일렛을 박아 구멍을 만들
  고 상자 오른쪽에 둘러 한 번 묶는다.

2 리본 다리가 위를 향하도록 아래 리본으로 위 리본을 돌
  려서 묶는다.

3 상자에 라피아를 뭉쳐 글루건으로 붙이고 한쪽 끝을
  풀어 레터링을 한다. 바늘에 끼운 다음 아일렛 구멍에
  바느질하듯 통과시킨다.

나침반 장식 포장

깨끗한 단색 크래프트지로 캐러멜 포장을 하고 검정색 실로 십자매기를 한 후 매듭을
묶어 주었다. 스타핑으로 볼륨감을 주고 나침반을 올려 바른 길을 찾아가라는
의미를 담았다.

···· GO! GO!

Good-luck!

Good·luck!

네잎 클로버 포장

최선을 다해 시험을 준비한 수험생에게 딱 한 가지 더 필요한 것은 행운. 큼지막한 네잎
클로버 카드를 꽂아 행운을 기원했다. 미리큘지로 포장하고 맑은 피고트 오간디 리본에
서닐 리본을 겹쳐 싱글 나비 리본으로 마무리한다.

Good-luck!

perfect

과녁과 화살 포장

화살이 과녁을 맞히듯 정답만을 맞히라는 의미의 포장이다. 수능 포장을 할 때는 전하고자 하는 메시지가 빠르고 분명하게 드러나도록 한다.

Ingredients

토이렉스 포장지 세 가지 색, 매듭끈, 가죽 리본, 나무 꼬치, 비닐 구김지, 풀, 양면테이프

How to

1 나무 꼬치에 양면테이프로 비닐 구김지를 붙이고 화살의 날개 모양으로 자른다.

2 맞은편도 구김의 결을 반대로 하여 날개 모양으로 자른다.

3 가죽 리본을 양면테이프로 날개 가운데에 붙인다.

4 빨간색 토이렉스 포장지로 캐러멜 포장을 한 상자에 사각형으로 자른 회색 도이렉스 포장지를 이웃하게 붙인 다음 남색 포장지로 과녁 모양을 오려 풀로 붙인다. 과녁에 3의 화살을 끼우고 매듭끈을 둘러 묶는다.

단추 오너먼트 포장

상자에 흰 색 컬러 골지로 캐러멜 포장을 한 다음 빨간 색 실에 단추를 꿰어 장식하였다.
첫 단추를 잘 끼우라는 뜻, 그리고 대문자 A모양의 태그를 달아 A를 받는 최고의 학생이
되라는 의미도 함께 담았다.

Congratulations!

병아리 포장

어린 새내기들을 위한 포장은 밝은 색을 사용해 귀엽고 사랑스러운 느낌을 전하도록 한다.
따뜻한 느낌의 병아리 포장지와 노란색 베네로우프지에 밝은 오렌지색 라피아로 포인트를 주었다.

Congratulations!

Congratulations!

아코디언 주름 포장

사회를 향해 첫발을 내딛는 젊은이들을 축하하기 위해서라면 경쾌한 느낌의 아코디언 주름 포장을 준비해 보자. 주름을 접을 때는 포장지의 패턴을 잘 살려 주는 것이 중요하다.

Ingredients

주름지, 크래프트지, 골지 리본, 양면테이프,
셀로판테이프

How to

1 상자에 주름지로 캐러멜 포장을 한다.

2 크래프트지를 긴 직사각형으로 잘라 위, 아래 시접을 접어 띠지를 만든다.

3 띠지에 패턴을 강조하여 계단 모양으로 주름을 잡는다.

4 주름을 잡은 띠지 뒷면에 셀로판테이프를 붙여 주름을 고정한다.

5 상자에 비스듬히 붙이고 뒷면에서 양면테이프로 고정한다

6 띠지와 나란히 골지 리본을 두르고 싱글 나비 리본으로 묶는다.

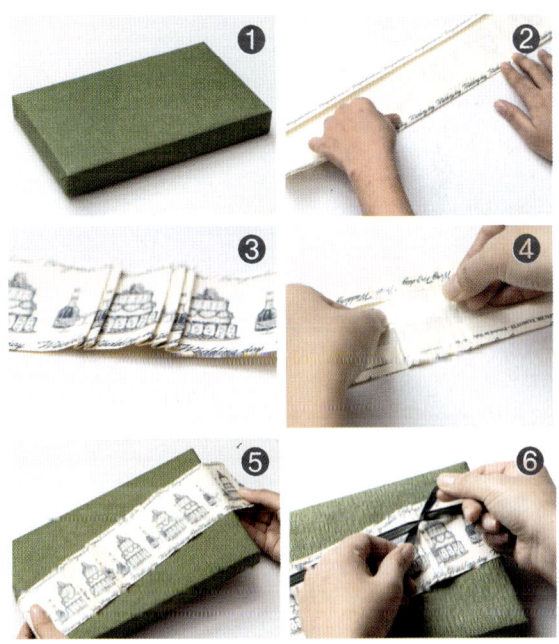

Merry Christmas!

크리스마스는 제과점 최대의 명절로 브랜드 이미지를 높일 수 있는 좋은 기회가 된다.
다양한 크리스마스 제품과 함께 개성 있는 디스플레이로 고객들에게 감사의 마음을 전해 보자. 특히 포장을 이용한
디스플레이는 별도의 디스플레이 비용을 들이지 않고도 크리스마스 기분을 한껏 살릴 수 있어 경제적일 뿐 아니라
소비자의 구매 심리를 효과적으로 자극해 매출 증대에도 크게 기여할 수 있다.

크리스마스 베리 포인트 포장

초록색과 빨간색은 전통적으로 크리스마스를 대표하는 색이다. 빨강과 초록으로 포장한 작은 상자와 간단한 소품만으로 크리스마스 분위기가 물씬 풍기는 디스플레이를 완성했다. 감동은 의외로 작고 따뜻한 것에서 시작된다.

Christmas Wrapping

Christmas Wrapping

원통 냅킨 포장

예쁜 포인세티아 냅킨과 부직포를 이용해 캔디와 쿠키 통을 앙증맞게 포장했다.
즐거운 크리스마스 기분이 느껴지는 소품에 손이 절로 갈 듯하다.

응용 포장

Ingredients

가는 새틴 리본, 냅킨, 양면테이프

How to

1 냅킨을 마름모꼴로 펼치고 가운데 상자를 놓은 다음 한
   쪽 면을 덮는다.

2 양 쪽 보서리를 쥡아 싱사를 둘러가며 진제에 낼 주름을
   잡는다.

3 1의 반대 면을 상자 위로 올려 시접을 정리한 다음 끝
   을 양면테이프로 고정한다.

4 가는 새틴 리본으로 한 바퀴 두르고 외 리본으로 마무
   리한다

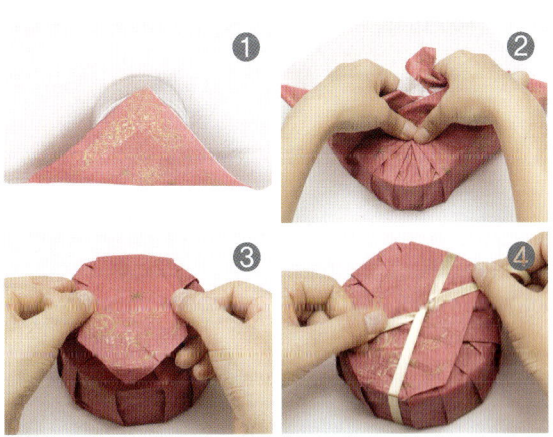

원통 열매 포장

원통형 상자를 초록색 포장지로 포장한 다음 솔방울과 크리스마스 베리 오너먼트를 붙이고 옆면에는 그라데이션 라피아를 여러 번 감아 지푸라기 느낌을 살렸다. 오너먼트와 그라데이션 라피아가 어울려 내추럴한 감성을 느끼게 한다.

Christmas Wrapping

베이직
크리스마스 포장

크리스마스 주조색인 빨간색과 초록색에 프린트 리본을 사용했다. 부피감 있는 선물에도 잘 어울릴 만한 포장으로 빨간색과 초록색에 짙은 갈색이나 골드를 더해 주면 더욱 따뜻하고 화려한 느낌을 살릴 수 있다.

Christmas Wrapping

Ingredients

단색 포장지, 새틴 리본 두 가지 색상, 구슬 리본, 글루건, 양면테이프, 크리스마스 베리 오너먼트

How to

1 싱자에 캐러멜 포장을 한 다음 두 종류의 새틴 리본을 겹쳐 십자 묶기 한다.

2 겹쳐 묶은 새딘 리본 퐁 밑 리본을 싱글 나비 리본으로 묶는다.

3 싱글 나비 리본 위에 오너먼트를 놀리고 윗 리몬으로 나 시 싱글 나비 리본을 묶는다.

4 구슬 리본으로 싱글 나비 리본을 만들어 4위에 놓고 글 루건으로 붙인다.

Christmas Wrapping

솔방울 장식 포장

포인세티아, 솔방울, 크리스마스 베리 등 트리를 장식 할 때 쓰는 장식물을 포장지에서
오려 낸 다음, 구김으로 볼륨을 주어 상자에 붙였다. 큼직한 솔방울 오너먼트까지
달아 주면 더없이 화려한 크리스마스 포장이 완성된다.

Ingredients

단색 포장지, 크리스마스 장식 무늬 크래프트지,
지끈, 솔방울 오너먼트, 태그, 글루건, 양면테이프

How to

1 단색 포장지로 상자에 캐러멜 포장을 한다.

2 크리스마스 장식 무늬 포장지를 오려 구김을 주어가며
  띠지를 붙인다.

3 끝부분만 풀어 낸 지끈을 띠지 위에 두른다.

4 지끈의 풀어낸 부분으로 외 리본을 묶는다.

5 리본의 긴 다리를 결대로 찢은 다음 가위의 등으로 잡아
  당겨 컬을 만든다.

6 리본 중앙에 글루건으로 태그와 오너먼트를 붙인다.

Christmas Wrapping

레드&화이트와인 포장

강렬한 빨간 색으로 포장한 와인에는 골드 오너먼트를 달아 포인트를 주고,
눈처럼 하얗게 포장한 와인에는 빨간색 리본과 오너먼트를 달아 산뜻하게 마무리
하였다. 두 와인이 대조를 이루어 크리스마스 디스플레이로 활용하기 좋을 듯 하다.

Ingredients

부직포, 새틴 리본, 크리스마스 베리 오너먼트, 와이
어, 양면테이프, 핑킹가위

How to

1 부직포를 가로로 길게 놓고 같은 방향으로 병을 놓은 다
음 감아 양면테이프로 고정한다.

2 부직포 오른쪽 부분을 병위로 접어 올리고 자연스럽게 주
름을 잡는다.

3 부직포의 양 끝을 모으고 병의 록에 와이어를 감아 고
정한다.

4 와이어로 고정한 부분을 새틴 리본으로 한 바퀴 감아
묶은 후 부직포 윗무분을 핑킹가위로 살라 나듬는나.

5 리본에 크리스마스 베리 오너먼트를 올리고 외 리몬으로
묶는다.

Christmas Wrapping

골드 메탈 리본 포장

오리엔탈 무드의 붉은색 포장지에 반짝이는 골드 메탈 리본과 구슬 오너먼트를 달아
무척 세련된 느낌이다. 골드는 빨강, 초록과 함께 크리스마스를 대표하는 색으로, 배색에
자신이 없는 사람이라도 이 세 가지 색을 사용하면 실패할 위험이 적다.

블루 & 실버 오너먼트 포장

파란 색과 은색을 주색으로 해 신비로운 느낌을 살린 크리스마스 포장이다. 악보 무늬의
포장지로 장식하고, 은빛 메탈 모루와 구슬 오너먼트를 매치해 즐거운 크리스마스
캐롤의 리듬을 떠올리게 한다.

Christmas Wrapping

Christmas Wrapping

골드와인 포장

시폰처럼 살짝 비치는 부직포에 골드 리본을 함께하면 고급스러운 분위기를 연출할
수 있다. 부직포의 양끝을 옆으로 벌려 날개처럼 만들고 하늘거리는 오건디 리본을 묶어
우아한 분위기를 더했다.

Ingredients

부직포, 와이어 오건디 리본, 골드 열매 오너먼트,
아기천사 오너먼트, 와이어, 양면테이프

How to

1 부직포를 마름모꼴로 놓고 병을 눕힌 다음 말아 끝부분
  을 양면테이프로 붙인다.

2 병의 위쪽과 아래쪽 부직포를 병 중간에서 모은다.

3 양 끝이 날개 모양으로 벌어지도록 모양을 잡으며 와
  이어를 감아 고정힌다.

4 오건디 리본으로 가운데를 묶는다.

5 싱글 니비 리본으로 맨다.

6 글루건으로 리본 가운데 골드 오너먼트를 붙이고, 아
  기 천사 오너먼트를 날아 순나.

Christmas Wrapping

쉘 주름 와인 포장

쉘 주름 포장은 와인 포장을 할 때 가장 많이 쓰이는 기법이다. 바닥에 쉘 주름을 잡으면 튼튼하고 견고하게 포장할 수 있을 뿐 아니라 윗부분에 여러 가지 변화를 줄 수 있다.

Ingredients

미라큰지, 메탈 컬 리본, 가는 새틴 리본 두 가지 색상, 셀로판테이프, 양면테이프

How to

1 포장지 위에 브랜드 라벨이 위로 오도록 병을 놓는다.

2 병의 밑면에 쉘 주름을 잡는다. 이 때 주름은 반을 넘지 않도록 한다.

3 남은 포장지를 안쪽으로 접어 넣으며 병을 굴려 덮는다.

4 끝 시접을 1cm 접고 양면테이프를 붙여 고정한다.

5 병을 세우고 윗부분을 안으로 접어 넣은 다음 양 옆을 잡아 당겨 일자로 만든다.

6 직각으로 집어 진사기형 모양을 만든다.

7 네 모서리를 비틀어 접는다.

8 적당한 곳에 리본을 맨다.

자주 리본 크리스마스 포장

자주색은 기독교에서 예수님의 옷에 자주 사용되는 색이다.
고귀함의 상징인 자주 리본으로 트리플 리본을 묶고 예수님을 상징하는 포도 모양의
금빛 오너먼트를 달아 의미를 더했다.

Christmas Wrapping

Festive Day

Traditional Wrapping

연 노리개 장식 포장

표구지는 전통적인 느낌을 주는 포장에 단골로 사용되는 소재이다. 은은한 빛깔의 표구지가 조촐한 아름다움을 느끼게 한다.

Ingredients

스타드림지, 표구지, 벨벳 리본, 노리개, 연 오너먼트, 글루건, 양면테이프

How to

1 상자에 스타드림지로 캐러멜 포장을 한다.

2 상자에 표구지로 띠지를 두른 다음 노리개를 끼운 벨벳 리본을 한 바퀴 둘러 묶는다

3 노리개가 리본 가운데 오도록 하여 외 리본으로 묶는다.

4 리본 가운데 연 모양 오너먼트를 글루건으로 붙인다.

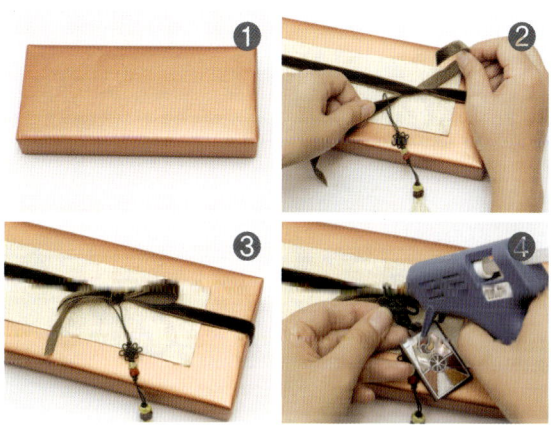

Traditional Wrapping

부채 장식 포장

고급스러운 무늬 한지로 부채를 접어 장식을 만들었다. 진한 빛깔의 무늬 한지를 이용하면 손쉬운 방법으로 고상한 분위기를 연출할 수 있다.

Ingredients

한지, 무늬 한지, 하회탈 오너먼트, 글루건,
양면테이프

How to

1 상자에 한지로 캐러멜 포장을 한다.

2 무늬 한지를 직사각형으로 자르고 사방에 시접을 넉넉히
   집은 다음 앞뒤로 뒤집이 기며 접어 부채를 만든다.

3 부채 아랫부분에 상자와 같은 색의 한지로 띠를 두르고
   양면테이프로 붙인다.

4 글루건으로 상자에 부채와 하회탈 오너먼트를 붙여준다.

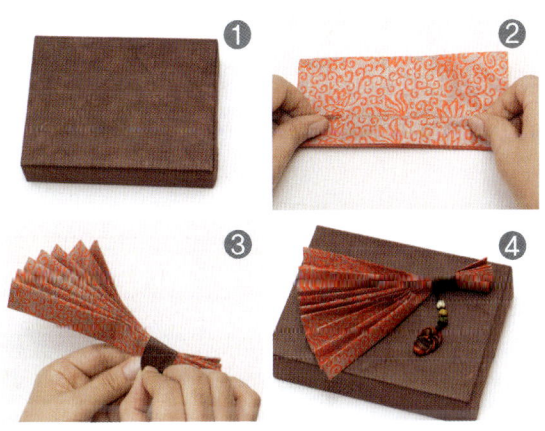

격자무늬 리본 포장

골드와 실버, 보라와 카키색의 조화가 이채롭다.
특히 격자무늬 리본이 육각 포장에 잘 어울려 고상하면서도 세련된 멋을 풍긴다.

Traditional Wrapping

나비 노리개 포장

화려한 나비 노리개와 새틴 리본으로 명절 분위기가 물씬 풍기는 포장이다. 추석보다는 설날에 더 어울릴 듯하다.

Traditional Wrapping

Ingredients

한지, 매듭 끈 두 가지 색상, 새틴 리본, 나비 노리개, 양면테이프

How to

1 한지로 캐러멜 포장을 한 상자에 두 가지 색상의 매듭 끈으로 십자 매기를 한다.

2 매듭 위에 노리개를 올리고 새틴 리본을 끼워 한 번 묶는다.

3 새틴 리본을 싱글 나비 리본으로 묶은 후 다른 새틴 리본을 아래에 끼워 다시 한 번 싱글 나비 리본으로 묶어 두 줄 더블 나비 리본을 완성한다.

4 매듭 끈의 다리를 모두 모아 잡고 다리가 아래를 향하도록 느슨하게 8자 모양으로 매듭을 몇 번 지어 마무리한다.

한지 보자기 포장

갈색 한지와 러너 모양의 흰색 한지를 한데 모아 날개 모양으로 풍성하게 볼륨을 잡았다.
웃어른께 드릴 음식 포장에 사용하면 좋을 듯하다.

Traditional Wrapping

Traditional Wrapping

나비, 꽃 매듭

한지로 색을 맞추어 포장하고 꽃 모양 매듭과 나비 모양 매듭을 장식하여 단아하다.
매듭을 붙일 때는 글루건을 이용하고, 곡선을 만들어 흐르는 듯한 느낌을 준다.

Traditional Wrapping

토끼털 와인 포장

표구지에 장식용 토끼털을 붙여 병에 둘렀다. 추운 겨울날 할머니나 여자 아이들이 한복 저고리 위에 입던 토끼털 배자와 닮은 모양이다. 차례 때 쓰는 청주나 전통주 에도 어울리지만 와인에 이용하면 특별한 선물이 된다.

Ingredients

양단 천, 장식용 토끼털, 표구지, 새틴 리본

How to

1 양단 천으로 병을 쉘주름 포장 한 다음 윗부분을 뒤로 접어 일자로 만든 후 양면테이프로 붙인다.

2 길게 자른 표구지의 뒷면에 양면테이프를 붙이고 토끼 털을 붙여 나간다.

3 표구지이 양 쪽가 위, 아래에 모두 토끼털을 붙이다

4 1의 병에 3의 토끼털 띠를 세로로 두른다.

5 병의 목 부분을 새틴 리본으로 감아 한 번 묶는다.

6 새틴 리본으로 외 리본을 묶어 마무리한다.

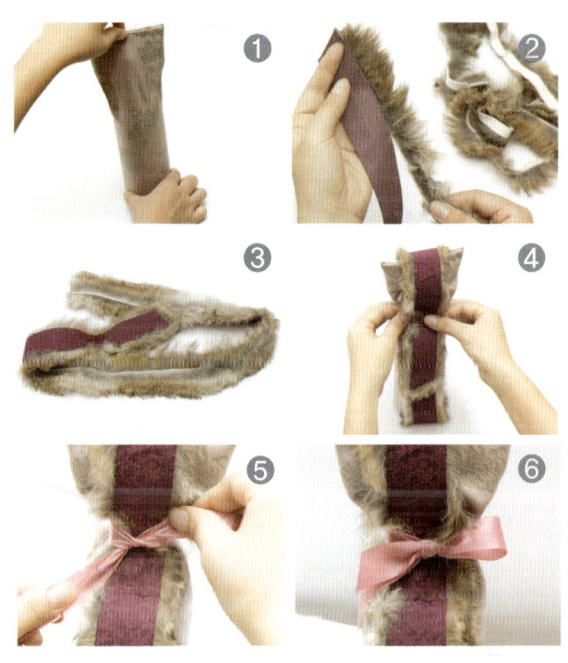

황인자의
선물 포장131

저자	황인자
발행인	장상원
편집인	이명원

초판 1쇄 발행	2007년 11월 1일
4쇄 발행	2012년 1월 25일
발행처	(주)비앤씨월드
	출판등록 1994. 1. 21. 제16-818호
	주소 서울특별시 강남구 청담동 40-19
	전화 (02) 547-5233
	팩스 (02) 549-5235

진행	이민영
사진	최문갑
디자인	유지연
스타일링	심희진 (Tweeny)

ISBN	978-89-88274-45-3 13630

http://www.bncworld.co.kr